# 教育通用人工智能大模型标准体系研究报告

吴永和　主编

清华大学出版社
北京

## 内容简介

本书是研究人工智能大模型标准的重要研究成果，全书共 7 章，内容包括绪论、国外通用人工智能大模型发展现状、国内通用人工智能大模型发展现状、新型架构发展及 AI Agent 趋势、教育通用人工智能大模型标准用例、教育通用人工智能大模型标准体系、教育通用人工智能大模型标准体系的建设方案。本书详细介绍了国内外各 13 个通用人工智能大模型，系统分析了新型架构发展及 AI Agent 趋势，提供了丰富的标准用例，构建了教育通用人工智能大模型标准体系（包括总体框架、信息模型、数据规范、测评规范、教学应用要求、接口规范、监管规范、运行维护规范、安全伦理隐私规范等系列标准），从体系预研、体系规划、标准制定、试用验证、培训贯标、应用推广六个阶段推进教育通用人工智能大模型标准体系的建设。

本书可作为高等院校计算机、人工智能、教育技术及相关专业的本科生及研究生参考材料，也可供对人工智能大模型及其标准感兴趣的研究人员和工程技术人员阅读参考。

版权所有，侵权必究。举报: 010-62782989, beiqinquan@tup.tsinghua.edu.cn。

**图书在版编目(CIP)数据**

教育通用人工智能大模型标准体系研究报告/吴永和主编. -- 北京：清华大学出版社，2025.3.
ISBN 978-7-302-68711-5

Ⅰ.G40-057

中国国家版本馆 CIP 数据核字第 2025F0H129 号

责任编辑：谢 琛　常建丽
封面设计：傅瑞学
责任校对：刘惠林
责任印制：丛怀宇

出版发行：清华大学出版社
网　　址：https://www.tup.com.cn, https://www.wqxuetang.com
地　　址：北京清华大学学研大厦 A 座　　　　　邮　编：100084
社 总 机：010-83470000　　　　　　　　　　　　邮　购：010-62786544
投稿与读者服务：010-62776969, c-service@tup.tsinghua.edu.cn
质量反馈：010-62772015, zhiliang@tup.tsinghua.edu.cn
课件下载：https://www.tup.com.cn, 010-83470236

印 装 者：三河市龙大印装有限公司
经　　销：全国新华书店
开　　本：185mm×260mm　　印 张：9.25　　字　数：227 千字
版　　次：2025 年 5 月第 1 版　　　　　　　　　印　次：2025 年 5 月第 1 次印刷
定　　价：59.00 元

产品编号：104280-01

# 编 委 会

**主　任**：吴永和
**副主任**：申丽萍
**委　员**：余云涛　李　青　冯　翔　吴战杰　肖　君
　　　　　余　凯　王世进　贺　樑　张军城　吴　砥
　　　　　许秋璇　郑　浩　颜　欢　吴慧娜　钱　雨
　　　　　陈圆圆　吴　优　张梦晨　杨烨枫　费可儿
　　　　　夏娅娜　肖筠娴　吴欣怡　詹雪菲　王亚飞

## 顾问委员会委员

杨宗凯　祝智庭　郑　莉　刘　淇　刘　均

## 参 与 单 位

华东师范大学、上海交通大学、清华大学、北京邮电大学、华中师范大学、西安交通大学、百度网讯科技有限公司、科大讯飞股份有限公司、华为技术有限公司、江苏中教科信息技术有限公司、新华三技术有限公司、阿里云计算有限公司、北京世纪好未来教育科技有限公司、网易有道信息技术（北京）有限公司、北京聪明核桃教育科技有限公司、北京高思博乐教育科技股份有限公司、成都康赛信息技术有限公司、作业帮教育科技公司、年华数据科技有限公司、江苏师范大学、中国科学技术大学、广东科学技术职业学院、第四范式（北京）技术有限公司、广西蓝色畅想教育服务有限公司、新云网科技集团股份有限公司、山东悦知教育科技有限公司、国家开放大学、青岛伟东云教育集团有限公司、北京市第二十中学等。

# 序

人工智能是当今时代的重要驱动力,也是未来社会的核心竞争力。人工智能的发展,不仅需要强大的技术支撑,更需要高素质的人才培养。教育是人才培养的基础,也是人工智能发展的关键。如何构建教育通用人工智能大模型标准体系,是教育界和人工智能界共同面临的重大课题。教育通用人工智能大模型,是指能在多个教育领域和场景中通用、自适应、高效、可信的人工智能大模型,具有强大的学习、理解、推理、创造和交互能力,能与教育与学习行为主体(如学生、教师、家长、管理者等)进行深度协作和共同成长,实现教育目标和价值。教育通用人工智能大模型是教育领域人工智能技术的高级形态,也是教育领域人工智能应用的发展目标。

该报告由"教育通用人工智能大模型"系列标准工作组专家团队,在广泛调研和深入分析的基础上,对教育通用人工智能大模型标准体系进行了系统性的研究和探索。本报告基于对国内外教育通用人工智能大模型发展状况的分析,结合专家意见和实践经验,对教育通用人工智能大模型的概念特征、技术框架、应用场景、发展趋势以及面临的挑战和机遇进行了系统阐述;从"需求分析—功能设计—组织架构—业务场景"的实践流程探讨"教育通用人工智能大模型"系列标准,并提出了一个教育通用人工智能大模型标准体系建设方案,以期为教育领域的人工智能发展提供参考和指导。

该报告具有以下几个创新点和亮点:从国际比较的视角,系统分析了国内外教育通用人工智能大模型发展的共性和特性,提出教育通用人工智能大模型未来发展面临的机遇与挑战,为教育领域人工智能技术的发展提供了新的视角和方向;全面分类了教育通用人工智能大模型的应用领域和场景,从学习支持、教学支持、评估支持、管理支持和创新支持五方面,给出了教育通用人工智能大模型在不同层次和阶段的应用场景和案例;适当地构建了教育通用人工智能大模型标准体系,从总体框架、信息模型、数据规范、测评规范、教学应用要求、接口规范、监管规范、运行维护规范、安全伦理隐私规范等层面,明确了教育通用人工智能大模型标准体系的总体框架和主要内容。

该报告对于推动教育通用人工智能大模型进一步赋能、赋智教育领域,为教师和学生带来更具个性化、高效和智能化的学习体验,推进教育数字化,探索数字教育新范式,推动教育的创新变革与高质量发展,具有重要的战略意义。希望该报告能够引起教育界和人工智能界的广泛关注和深入讨论,为我国教育通用人工智能大模型标准体系的建设和完善做出贡献。

华东师范大学终身教授、教育技术学博士生导师 祝智庭
教育部教育信息化技术标准委员会首席顾问

2024 年 12 月

# 前　言

近年来，人工智能技术的快速发展已经深刻改变了我们的生活和工作方式。数字化时代，教育也成为人工智能的重要领域之一。教育通用人工智能大模型标准体系研究报告的发布，标志着我们在教育领域迈出了重要的一步。该报告是对教育与人工智能融合发展的一次深入探索，为我们了解和应用人工智能技术于教育中提供了指导。从技术角度出发，报告提供了全面而系统的框架，帮助我们更好地理解和利用教育通用人工智能大模型。

教育通用人工智能大模型作为一种创新的技术手段，具有广阔的应用前景。它可以为教育工作者提供智能化的辅助工具，促进学习者的个性化学习和发展。通过深度学习和自然语言处理等技术的应用，大模型可以根据学习者的需求和特点，提供个性化的教学资源和反馈，从而优化教学效果。然而，教育通用人工智能大模型的发展也面临着一些挑战和问题。例如，数据隐私和安全问题、模型的公平性和透明度等。该研究报告不仅提供了对这些挑战的深入剖析，还为我们提供了一系列解决方案和建议，以确保人工智能在教育领域能健康发展。

通过梳理国内外教育通用人工智能大模型研究现状与相关标准，该报告依照"需求分析—功能设计—组织架构—业务场景"的思路，开展教育通用人工智能大模型标准体系研究；报告详细介绍了国外和国内典型通用人工智能大模型；并基于此，提出构建教育通用人工智能大模型标准体系，从体系预研、体系规划、标准制定、试用验证、培训贯标、应用推广六个阶段建设教育通用人工智能大模型标准体系和研制该系列标准，旨在构建可信、安全、高效、好用的教育通用人工智能大模型，建立一个以人为本的人工智能，更好赋能、赋智教育，完善数字教育标准体系，推进教育数字化，促进教育创新变革和高质量发展。

教育通用人工智能大模型标准体系研究报告的发布将为教育数字化和教育通用人工智能的深入发展打下坚实的基石。通过跨界合作和专业研究，教育通用人工智能大模型将进一步赋能、赋智教育领域，为教师和学生带来更具个性化、高效和智能化的学习体验。

未来，教育数字化将成为教育的新常态，而教育通用人工智能大模型将成为教育创新的重要驱动力之一。期待更多的学校、研究机构和企业加入标准研究工作，共同推动教育通用人工智能大模型标准化和落地应用。相信在数字化和人工智能发展的双重推动下，教育数字化转型将迎来更广阔的发展空间！

2024 年 12 月

# 目　　录

1 绪论 ······················································································· 1
   1.1 研究背景 ········································································ 1
      1.1.1 国外教育通用人工智能大模型研究现状 ············· 2
      1.1.2 国内教育通用人工智能大模型研究现状 ············· 6
      1.1.3 教育通用人工智能大模型的机遇与挑战 ············ 11
   1.2 研究目标及意义 ····························································· 13
   1.3 研究过程 ······································································· 14
      1.3.1 梳理分析国内外相关标准 ····································· 14
      1.3.2 调研分析国内应用需求 ········································· 16
      1.3.3 分析大模型教育应用的功能要求 ························· 16
      1.3.4 确立标准专题组组织架构 ····································· 16

2 国外通用人工智能大模型发展现状 ································ 17
   2.1 OpenAI ChatGPT ···························································· 17
      2.1.1 大模型简介 ···························································· 17
      2.1.2 技术框架与参数 ···················································· 17
      2.1.3 产品与服务功能 ···················································· 19
      2.1.4 大模型特色 ···························································· 20
      2.1.5 教育场景与案例 ···················································· 20
   2.2 Google Gemini ································································ 21
      2.2.1 大模型简介 ···························································· 21
      2.2.2 技术框架与参数 ···················································· 22
      2.2.3 产品与服务功能 ···················································· 23
      2.2.4 大模型特色 ···························································· 24
      2.2.5 教育场景与案例 ···················································· 24
   2.3 Anthropic Claude ····························································· 26
      2.3.1 大模型简介 ···························································· 26
      2.3.2 技术框架与参数 ···················································· 26
      2.3.3 产品与服务功能 ···················································· 26
      2.3.4 大模型特色 ···························································· 26

    2.3.5 教育场景与案例 ·················································· 27
  2.4 Meta AI LLaMA ······················································· 27
    2.4.1 大模型简介 ······················································ 27
    2.4.2 技术框架与参数 ················································ 28
    2.4.3 产品与服务功能 ················································ 29
    2.4.4 大模型特色 ······················································ 29
    2.4.5 教育场景与案例 ·················································· 29
  2.5 英伟达 Megatron-Turing ············································· 29
    2.5.1 大模型简介 ······················································ 29
    2.5.2 技术框架与参数 ················································ 29
    2.5.3 产品与服务功能 ················································ 30
    2.5.4 大模型特色 ······················································ 30
    2.5.5 教育场景与案例 ·················································· 30
  2.6 Stanford Alpaca ························································ 30
    2.6.1 大模型简介 ······················································ 30
    2.6.2 技术框架与参数 ················································ 30
    2.6.3 产品与服务功能 ················································ 31
    2.6.4 大模型特色 ······················································ 31
    2.6.5 教育场景与案例 ·················································· 31
  2.7 BigScience BLOOM ··················································· 31
    2.7.1 大模型简介 ······················································ 31
    2.7.2 技术框架与参数 ················································ 31
    2.7.3 产品与服务功能 ················································ 32
    2.7.4 大模型特色 ······················································ 32
    2.7.5 教育场景与案例 ·················································· 32
  2.8 Eleuther AI GPT-Neo(X) ············································· 32
    2.8.1 大模型简介 ······················································ 32
    2.8.2 技术框架与参数 ················································ 33
    2.8.3 产品与服务功能 ················································ 33
    2.8.4 大模型特色 ······················································ 33
    2.8.5 教育场景与案例 ·················································· 33
  2.9 Aleph Alpha Luminous ··············································· 33
    2.9.1 大模型简介 ······················································ 33
    2.9.2 技术框架与参数 ················································ 34
    2.9.3 产品与服务功能 ················································ 34
    2.9.4 大模型特色 ······················································ 34
    2.9.5 教育场景与案例 ·················································· 34
  2.10 DeepMind Sparrow ··················································· 34
    2.10.1 大模型简介 ····················································· 34

  2.10.2 技术框架与参数 ·················· 35
  2.10.3 产品与服务功能 ·················· 35
  2.10.4 大模型特色 ······················ 35
  2.10.5 教育场景与案例 ·················· 35
 2.11 AI21 Jurassic ························ 36
  2.11.1 大模型简介 ······················ 36
  2.11.2 技术框架与参数 ·················· 36
  2.11.3 产品与服务功能 ·················· 36
  2.11.4 大模型特色 ······················ 36
  2.11.5 教育场景与案例 ·················· 36
 2.12 Naver HyperCLOVA ······················ 37
  2.12.1 大模型简介 ······················ 37
  2.12.2 技术框架与参数 ·················· 37
  2.12.3 产品与服务功能 ·················· 37
  2.12.4 大模型特色 ······················ 37
  2.12.5 教育场景与案例 ·················· 37
 2.13 亚马逊 Titan 大模型 ······················ 37
  2.13.1 大模型简介 ······················ 37
  2.13.2 技术框架与参数 ·················· 37
  2.13.3 产品与服务功能 ·················· 38
  2.13.4 大模型特色 ······················ 38
  2.13.5 教育场景与案例 ·················· 38
 2.14 总结 ······························ 38

# 3 国内通用人工智能大模型发展现状 ·················· 40

 3.1 阿里云公司通义大模型 ························ 40
  3.1.1 大模型简介 ······················ 40
  3.1.2 技术框架与参数 ·················· 40
  3.1.3 产品与服务功能 ·················· 41
  3.1.4 大模型特色 ······················ 41
  3.1.5 教育场景与案例 ·················· 41
 3.2 北京百度网讯科技有限公司文心大模型 ·················· 41
  3.2.1 大模型简介 ······················ 41
  3.2.2 技术框架与参数 ·················· 42
  3.2.3 产品与服务功能 ·················· 44
  3.2.4 大模型特色 ······················ 44
  3.2.5 教育场景与案例 ·················· 45
 3.3 北京世纪好未来教育科技有限公司 MathGPT 大模型 ·················· 47
  3.3.1 大模型简介 ······················ 47

|  |  | 3.3.2 技术框架与参数 | 47 |
|---|---|---|---|
|  |  | 3.3.3 产品与服务功能 | 47 |
|  |  | 3.3.4 大模型特色 | 48 |
|  |  | 3.3.5 教育场景与案例 | 48 |
| 3.4 | 复旦大学 MOSS 大模型 |  | 48 |
|  |  | 3.4.1 大模型简介 | 48 |
|  |  | 3.4.2 技术框架与参数 | 49 |
|  |  | 3.4.3 产品与服务功能 | 49 |
|  |  | 3.4.4 大模型特色 | 49 |
|  |  | 3.4.5 教育场景与案例 | 49 |
| 3.5 | 华东师范大学 EduChat 大模型 |  | 50 |
|  |  | 3.5.1 大模型简介 | 50 |
|  |  | 3.5.2 技术框架与参数 | 51 |
|  |  | 3.5.3 产品与服务功能 | 51 |
|  |  | 3.5.4 大模型特色 | 51 |
|  |  | 3.5.5 教育场景与案例 | 51 |
| 3.6 | 华为技术有限公司盘古大模型 |  | 54 |
|  |  | 3.6.1 大模型简介 | 54 |
|  |  | 3.6.2 技术框架与参数 | 55 |
|  |  | 3.6.3 产品与服务功能 | 55 |
|  |  | 3.6.4 大模型特色 | 55 |
|  |  | 3.6.5 教育场景与案例 | 56 |
| 3.7 | 科大讯飞股份有限公司讯飞星火大模型 |  | 56 |
|  |  | 3.7.1 大模型简介 | 56 |
|  |  | 3.7.2 技术框架与参数 | 56 |
|  |  | 3.7.3 产品与服务功能 | 56 |
|  |  | 3.7.4 大模型特色 | 56 |
|  |  | 3.7.5 教育场景与案例 | 56 |
| 3.8 | 上海交通大学、思必驰科技股份有限公司东风大模型 |  | 58 |
|  |  | 3.8.1 大模型简介 | 58 |
|  |  | 3.8.2 技术框架与参数 | 58 |
|  |  | 3.8.3 产品与服务功能 | 59 |
|  |  | 3.8.4 大模型特色 | 59 |
|  |  | 3.8.5 教育场景与案例 | 59 |
| 3.9 | 商汤科技公司日日新大模型 |  | 59 |
|  |  | 3.9.1 大模型简介 | 59 |
|  |  | 3.9.2 技术框架与参数 | 59 |
|  |  | 3.9.3 产品与服务功能 | 60 |
|  |  | 3.9.4 大模型特色 | 60 |

  3.9.5 教育场景与案例 ·················································· 61
 3.10 网易有道信息技术(北京)有限公司子曰大模型 ·················· 62
  3.10.1 大模型简介 ···················································· 62
  3.10.2 技术框架与参数 ·············································· 62
  3.10.3 产品与服务功能 ·············································· 62
  3.10.4 大模型特色 ···················································· 63
  3.10.5 教育场景与案例 ·············································· 63
 3.11 西安交通大学"智察"大模型 ········································ 63
  3.11.1 大模型简介 ···················································· 63
  3.11.2 技术框架与参数 ·············································· 63
  3.11.3 产品与服务功能 ·············································· 64
  3.11.4 大模型特色 ···················································· 64
  3.11.5 教育场景与案例 ·············································· 64
 3.12 新华三技术有限公司百业灵犀大模型 ····························· 66
  3.12.1 大模型简介 ···················································· 66
  3.12.2 技术框架与参数 ·············································· 66
  3.12.3 产品与服务功能 ·············································· 66
  3.12.4 大模型特色 ···················································· 67
  3.12.5 教育场景与案例 ·············································· 67
 3.13 智谱清言 ChatGLM 大模型 ········································· 69
  3.13.1 大模型简介 ···················································· 69
  3.13.2 技术框架与参数 ·············································· 69
  3.13.3 产品与服务功能 ·············································· 70
  3.13.4 大模型特色 ···················································· 70
 3.14 总结 ···································································· 70
  3.14.1 总体特征 ························································ 70
  3.14.2 教育应用模式 ·················································· 71

**4 新型架构发展及 AI Agent 趋势** ············································ 72

 4.1 小模型、轻量级模型是一种重要的发展方向 ···················· 72
 4.2 AI Agent 基本发展脉络 ·············································· 73
  4.2.1 Auto-GPT ························································ 74
  4.2.2 斯坦福小镇 ······················································ 78
  4.2.3 AutoGen ·························································· 80
  4.2.4 Semantic Kernel ················································ 82

**5 教育通用人工智能大模型标准用例** ······································· 86

 5.1 教案生成 ································································ 86
 5.2 教学知识点提取 ······················································· 90

| | | |
|---|---|---|
| 5.3 | 教学参考资料 | 92 |
| 5.4 | 疑难解答 | 94 |
| 5.5 | 心理辅导 | 98 |
| 5.6 | 作业/试卷批改 | 99 |
| 5.7 | 出测试题/答案 | 101 |
| 5.8 | 标题与大纲 | 102 |
| 5.9 | 教学质量评估 | 104 |
| 5.10 | 总结 | 106 |

# 6 教育通用人工智能大模型标准体系 — 107

## 6.1 总体框架 — 107
### 6.1.1 接口规范 — 108
### 6.1.2 监管规范 — 108
### 6.1.3 运行维护规范 — 108
### 6.1.4 安全、伦理与隐私规范 — 108

## 6.2 信息模型 — 108
### 6.2.1 模型框架 — 109
### 6.2.2 大模型层 — 109
### 6.2.3 应用层 — 110
### 6.2.4 外部工具池 — 110
### 6.2.5 外部智能体 — 111
### 6.2.6 大模型接口层 — 111

## 6.3 数据规范 — 111
### 6.3.1 数据集构建原则 — 111
### 6.3.2 数据分类框架 — 112
### 6.3.3 数据集 — 112
### 6.3.4 元数据分类 — 113

## 6.4 测评规范 — 113
### 6.4.1 测评框架 — 113
### 6.4.2 测评指标 — 114
### 6.4.3 测评维度 — 114
### 6.4.4 测评数据集 — 114
### 6.4.5 测评方法 — 114

## 6.5 教学应用要求 — 115

# 7 教育通用人工智能大模型标准体系的建设方案 — 116

## 7.1 指导思想 — 116
## 7.2 建设阶段规划 — 116
### 7.2.1 体系预研阶段 — 116

|  |  |  |
|---|---|---|
| | 7.2.2 体系规划阶段 | 116 |
| | 7.2.3 标准制定阶段 | 117 |
| | 7.2.4 试用验证阶段 | 117 |
| | 7.2.5 培训贯标阶段 | 117 |
| | 7.2.6 应用推广阶段 | 118 |
| 7.3 | 工作机制及原则 | 118 |

**附录** ......................................................................... **120**

  附录A　国内公司(单位)的大模型汇总简表 ............................ 120

  附录B　国外公司(单位)的大模型汇总简表 ............................ 124

  附录C　教育通用人工智能大模型标准化工作 ............................ 127

  附录D　目前教育通用人工智能大模型标准专题组成员单位名单 ............ 128

**参考文献** ....................................................................... **129**

# 1 绪　　论

## 1.1 研究背景

人工智能是当今世界科技创新的重要驱动力,也是教育现代化的重要支撑。国际社会广泛认同在未来教育中,充分发挥人工智能技术对教育数字化转型的推动作用,联合国教科文组织相继发布《教育中的人工智能:可持续发展的挑战和机遇》《人工智能与教育:政策制定者指南》《中小学人工智能课程调研报告:对政府认可人工智能课程的调研》等多项报告文件,以引导政策制定者和教育界探索人工智能在教育领域中的应用。在此背景下,我国政府积极响应全球教育发展的趋势,深入推进人工智能在教育领域的应用和发展。2019年5月,联合国教科文组织在中国北京召开了首届国际人工智能与教育大会,并发布成果性文件《北京共识》,提出"要推动人工智能与教育、教学和学习系统进行融合",成为人工智能与教育领域的里程碑事件[①]。2022年12月,由中华人民共和国教育部、中国联合国教科文组织全国委员会与联合国教科文组织共同主办的2022国际人工智能与教育会议以线上方式举行[②]。教育部部长怀进鹏出席会议并指出:"当前,推进教育数字化已成为我们应对全球教育面临挑战、实现2030年教育目标的重要战略途径。人工智能技术在教育中的融合应用是教育变革的关键要素。"2023年2月,世界数字教育大会在北京开幕,国务院副总理孙春兰出席会议并致辞。孙春兰指出,现代信息技术对教育发展具有革命性影响。

随着深度学习、大数据、云计算等技术的发展,人工智能从规则驱动向数据驱动转变,生成式通用大模型成为人工智能的新范式。生成式通用大模型是指通过在海量数据上进行预训练,然后通过在特定领域或任务上进行微调,实现多种下游应用的人工智能模型。生成式通用大模型具有强大的知识获取、理解、生成和推理能力,可以跨越不同领域、模态和语言,为各行各业带来无限可能。教育是人工智能的重要应用领域之一,也是生成式通用大模型的重要赋能对象之一。教育通用人工智能大模型是指针对教育领域的特点和需求,基于生成式通用大模型进行定制化开发和优化的人工智能模型。教育通用人工智能大模型可以在教学设计、学习资源、学习过程、学习评估、学习支持等方面为教育提供智能化服务,提升教育质量和效率,促进教育公平和个性化,推动教育变革和创新。然而,教育通用人工智能大模型也面临着诸多挑战和风险,如数据质量、算法安全、模型可解释性、伦理责任等。

为应对强大的生成式人工智能的迅猛发展,联合国教科文组织于2023年5月25日首次就此议题举行了全球教育部长会议,共同探讨人工智能应用在当下和长远意义上给教育

---

① 中国教育报. 数字化浪潮中,我们携手乘风破浪——2022国际人工智能与教育会议观察[EB/OL]. (2022-12-07)[2023-06-25]. https://baijiahao.baidu.com/s?id=1751526982839835114&wfr=spider&for=pc.

② 中华人民共和国教育部. 引导人工智能赋能教师 引领教学智能升级 2022国际人工智能与教育会议开幕[EB/OL]. (2022-12-05)[2023-06-26]. http://www.moe.gov.cn/jyb_zzjg/huodong/202212/t20221205_1021972.html.

系统带来的机遇、挑战与风险①。为了保障教育通用人工智能大模型的科学性、有效性、可靠性和可持续性,有必要建立一个教育通用人工智能大模型标准体系,规范教育通用人工智能大模型的研发、应用、评估和管理,提升教育通用人工智能大模型的信任度和透明度,保护教育利益相关者的权益和尊严。

2023年3月,华东师范大学举办了"ChatGPT教育应用与人工智能标准研制"沙龙暨学术研讨会,探讨了ChatGPT在教育领域的发展和应用,并为后续人工智能相关标准研制提供了参考。2023年5月,上海交通大学与华东师范大学联合承办了教育部教育信息化技术标准委员会主办的"教育通用人工智能大模型标准研讨会",研究了教育通用人工智能大模型的概念、特征、应用场景、发展趋势以及面临的挑战和机遇。2023年6月,全国信息技术标准化技术委员会教育技术分技术委员会(以下简称"全国信标委教育分委会")暨教育部教育信息化技术标准委员会(CELTSC)在秦皇岛召开了数字教育标准基础研讨会,规划和组织了包括教育通用人工智能大模型标准在内的数字教育标准基础研究。

本报告基于对国内外教育通用人工智能大模型发展状况的分析,结合专家意见和实践经验,对教育通用人工智能大模型的概念、特征、应用场景、发展趋势以及面临的挑战和机遇进行了系统阐述,并提出一个教育通用人工智能大模型标准体系建设方案,包括信息模型、数据(集)标准、测评标准、监管标准、接口标准、安全、伦理、隐私等层面,以期为教育领域的人工智能发展提供参考和指导。

### 1.1.1 国外教育通用人工智能大模型研究现状

人工智能是研究、开发用于模拟、延伸和扩展人的智能的理论、方法、技术及应用系统的一门新的技术科学。它是计算机科学的一个分支,企图了解智能的实质,并生产出一种新的能以人类智能相似的方式做出反应的智能机器②。《人工智能标准化白皮书(2018年)》给出定义:人工智能是利用数字计算机或者由数字计算机控制的机器,模拟、延伸和扩展人类的智能,感知环境、获取知识并使用知识获得最佳结果的理论、方法、技术和应用系统。通过模拟人类能力,人工智能技术能取代人类生产、生活中一些烦琐的工作或任务③。人工智能具有交叉学科特性,涉及计算机科学、系统与控制科学、认知科学、脑科学、心理学与语言学等,是促进人类社会发展和科技进步的重要驱动力和战略技术,坚持"以人为本"是规范人工智能并促进其长足发展的基础④。

人工智能的发展经历了从机器学习到深度学习,再到通用大模型三个阶段。通用大模型(General Large Model,GLM)是指基于海量数据和强大计算能力训练出的具有多种处理能力和跨领域迁移能力的人工智能模型,如GPT-3、BERT等。通用大模型有理解、生成、对话、摘要、翻译等多种自然语言任务,甚至可以创作诗歌、故事、代码等内容,展现出了接近或超越人类水平的认知和创造能力。

---

① 联合国教科文组织.生成式人工智能突飞猛进,教科文组织动员教育界协调应对[EB/OL].(2023-05-26)[2023-06-25]. https://news.un.org/zh/story/2023/05/1118307.
② 中国信息通信研究院.人工智能白皮书(2022)[EB/OL].(2022-05-10)[2023-07-06]. http://www.caict.ac.cn/english/research/whitepapers/202205/P020220510506258498240.pdf.
③ 黄月丽.人工智能对社会变革的影响[J].科技传播,2019,11(04):104-105.
④ 祝智庭,韩中美,黄昌勤.教育人工智能(eAI):人本人工智能的新范式[J].电化教育研究,2021,42(01):5-15.

美国初创公司 AI21 Labs 于 2021 年 9 月推出的商用大型语言模型 Jurassic-1,以 1780 亿个参数超过 GPT-3[①]。DeepMind 在 2021 年 12 月发布的 Gopher 新模型,拥有 2800 亿个参数,Megatron-Turing NLG 有 5300 亿个参数[②]。谷歌开发了 Switch-Transformer 和 GLaM 模型,分别有 1.2 万亿个参数。与此同时,韩国互联网搜索公司 Naver 宣布了一个名为 HyperCLOVA 的模型,拥有 2040 亿个参数。微软与英伟达合作使用 DeepSpeed 和威震天-LM,构建了图灵 NLG 17B 这一最大的生成语言模型。国外通用大模型发展现状如表 1-1 所示。

表 1-1 国外通用大模型发展现状[③]

| 模型名称 | 开发公司 | 技术支持 | 参数量 | 耗费算力 | 主要特点 | 应用范围 | 局限性 |
| --- | --- | --- | --- | --- | --- | --- | --- |
| ChatGPT | OpenAI | Generative Pre-trained Transformer 4 | 1000 亿 | 3640 PetaFLOPs per day | 支持连续对话、可质疑、主动认错误、加入 RLHF 训练范式 | 文本编辑、编程、翻译、算术 | 暂无 |
| Claude | Anthropic | constitutional AI | 520 亿 | 暂无 | 最大化积极影响、避免提供有害建议、自主选择、加入 RLAF 训练范式 | 较 ChatGPT 文本编辑更长且自然 | 较 ChatGPT 代码推理更弱 |
| Bard | 谷歌 | LaMDA | 1370 亿 | 较 ChatGPT 算力需求更低 | 可以根据最新事件进行对话,更负责任 | 将加入 ChromeOS 为搜索引擎 | 犯事实性错误 |
| LLaMA | Meta AI | Open Pre-trained Transformer | 1750 亿 | 暂无 | 具备制冷微调,可以改善其对未见任务的零样本和少样本泛化能力 | 生成创意文本、解决基本数学问题、回答阅读理解问题 | 全部访问权限受限制 |
| Megatron-Turing | 微软、英伟达 | Transformer 语言模型 | 5300 亿 | 暂无 | 高质量的自然语言训练语料库 | 阅读理解、常识推理、词义消歧 | 被 ChatGPT 反超 |
| YaLM | 俄罗斯 Yandex | Generative Pre-trained Transformer | 1000 亿 | 能耗较高 | 采用 Apache 2.0 授权,同时允许研究及商业免费使用 | 生成和处理文本 | 处于行业中下游 |

---

① HEAVEN W D. 2021 was the year of monster AI models[EB/OL]. (2021-12-21)[2022-07-01]. https://www.technologyreview.com/2021/12/21/1042835/2021-was-the-year-of-monster-ai-models/.

② ALVI A,KHARYA P. Using DeepSpeed and Megatron to Train Megatron-Turing NLG 530B, the World's Largest and Most Powerful Generative Language Model[EB/OL]. (2021-11-11)[2022-07-01]. https://www.microsoft.com/en-us/research/blog/using-deepspeed-and-megatron-to-train-megatron-turing-nlg-530b-the-worlds-largest-and-most-powerful-generative-language-model/.

③ 华东政法大学政治学研究院,华东政法大学人工智能与大数据指数研究院.《人工智能通用大模型(ChatGPT)的进展、风险与应对》研究报告[R]. 上海:华东政法大学,2023.

续表

| 模型名称 | 开发公司 | 技术支持 | 参数量 | 耗费算力 | 主要特点 | 应用范围 | 局限性 |
|---|---|---|---|---|---|---|---|
| Gopher | 英国 DeepMind | Transformer 语言模型 | 2800亿 | 能耗较低 | 超大型的语言模型 | 阅读理解、事实核查、有害语言识别 | 应用范围较窄 |
| Hyper CLOVA | 韩国 Naver | Megatron-LM | 2040亿 | 暂无 | 提升韩语模型性能 | 在韩语领域的文本生成 | 多模态任务滞后 |
| Jurassic-1 Jumbo | 以色列 A21 Labs | 模块化推理、知识和语言系统（MRKL） | 1780亿 | 能耗较高 | 兼顾神经模型和符号推理能力 | 转述、从文本中提取数字 | 尚未对输出的潜在有害内容进行过滤 |
| Luminous | 德国 Aleph Alpha | Luminous | 700亿 | 暂无 | 支持多模态 | NLP、CV以及图文多模态任务 | 尚未大规模应用 |
| BLOOM | 法国 BigScience | Transformer | 1760亿 | 暂无 | 在自建的数据集上进行训练 | 自然语言处理任务 | 参数量大，难以进行个性化的模型训练 |
| Alpaca | 美国 Stanford | LLaMA 7B | 700亿 | 能耗低 | 提供了一个相对轻量级的模型，可以在移动设备上运行，易于部署，成本低但性能高 | 自然语言处理任务 | 时常表现出几种常见的语言模型缺陷，包括幻觉、毒性和刻板印象 |
| GPT-Neo (X) | 非营利性开源研究组织 Eleuther AI | GPT-3 | 200亿 | 与GPT-3相比，GPT-NeoX参数量小，训练成本低 | 世界上同类模型中最大、性能最好的模型之一，可免费公开获得 | 自然语言处理任务 | 技术较老，代码不再进行维护，技术较为落后 |

　　教育是人工智能通用大模型的重要应用领域之一。国外一些机构和企业已经开始探索将人工智能通用大模型应用于教育场景，如智能辅导、智能评测、智能推荐等。例如，美国谷歌公司发布的 BERT 是一个基于 Transformer 架构的双向语言表示模型，可以通过预训练和微调完成多种自然语言理解任务。BERT 在教育领域的应用包括：作为知识库或问答系统，为学习者提供相关知识或问题答案；作为文本分析或生成器，为学习者提供文本摘要、翻译、写作等服务；作为情感分析或情绪识别器，为学习者提供情感支持或情绪调节等。美国 OpenAI 公司发布了一个基于 GPT-3 的 AI 编程平台 OpenAI Codex，该平台可以根据用户的自然语言输入生成相应的代码，并提供实时的反馈和指导。可汗学院推出一款名为 Khanmigo 的基于人工智能的聊天机器人，旨在为学生提供个性化辅导。该机器人由 GPT-4 驱动，提供广泛的学科指导，并使用苏格拉底方法鼓励学习者独立解决问题。语言学习平台多邻国推出新的 Duolingo Max 订阅服务，该服务整合了 OpenAI 发布的 GPT-4 大型语言模型，为语言学习者提供了更多的学习体验和功能。表 1-2 总结了国外教育领域的相关数据集及应用模型。

表 1-2 国外教育领域的相关数据集及应用模型①

| 数据集名称 | Text | <image，Text> | 大小 | 应用模型 |
| --- | --- | --- | --- | --- |
| 英文维基百科 | √ | — | 19.13GB | BERT,XLNet,GPT-3 |
| BookCorpus2 | √ | — | 9.45GB | BERT,XLNet,RoBERTa,GPT-3 |
| RealNews | √ | — | 120GB | Grover |
| OpenWebText2（OWT2） | √ | — | 125.54GB | GPT-2/3,RoBERTa |
| PubMed Central | √ | — | 180.55GB | GPT-Neo,BioBERT |
| ArXiv | √ | — | 112.42GB | GPT-Neo,WuDao |
| C4 | √ | — | 750GB | T5 |
| 维基-40B | √ | — | 4GB | Transformer-XL（原始） |
| CLUECorpus2020 | √ | — | 100GB | RoBERTa-large-clue |
| The-Pile | √ | — | 1254.20GB | GPT-Neo,WuDao |
| CC100 | √ | — | 2.5TB | XLM-R |
| Multilingual C4(mC4) | √ | — | 26TB | MT5 |
| Conceptual Captions(CC) | — | √ | 3.3M 图文比对 | VL-BERT |
| LAION-400 | — | √ | 400M 图文比对 | CLIP,DALL-E |
| WuDao Corpora | √ | √ | 650M 图文比对+5TB | CPM-2,WuDao |

各组织和机构也纷纷将人工智能大模型融入教育思考。微软教育团队研究的关于数据和人工智能如何改变教育世界的报告中，提出将开放式教育分析融入教育人工智能领域，通过教育管理信息系统使教育系统能够有效地收集、存储、管理和报告其数据②。人工智能研究院对ChatGPT等大规模人工智能模型的技术进行回顾与分析，提出业界正试图避开监管，但大规模人工智能需要更多的审查③。斯坦福大学2023年发表的研究报告中关注到大规模语言模型的存在性危害④，并首次提出"基础"一词成为迈向人工通用智能的垫脚石，促进其大规模发展⑤。另一方面，"通用人工智能"（GPAI）一词被用于欧盟人工智能法案等政策文书中，以强调这些模式没有确定的下游用途，可以进行微调，以适用于特定的环境。由于这些系统缺乏明确的意图或确定的目标，它们受到不同的监管或根本不受监管，因此实际上在法律上造成一个重大漏洞⑥。

---

① YUAN S, ZHAO H, ZHAO S, et al. A Roadmap for Big Model[J]. arXiv preprint arXiv:2203.14101, 2022.
② RAYAPROLU A, DEFENSOR G. How Much Data is Created Every Day in 2023? [EB/OL]. (2023-07-04) [2023-07-03]. https://techjury.net/blog/how-much-data-is-created-every-day/.
③ Now Institute. ChatGPT and More: Large Scale AI Models Entrench Big Tech Power[EB/OL]. (2023-04-11) [2023-06-30]. https://ainowinstitute.org/publication/large-scale-ai-models.
④ See the Center for Research on Foundation Models, Stanford University.
⑤ See Sam Altman, "Planning for AGI and beyond", March 2023.
⑥ "Proposal for a Regulation of the European Parliament and of the Council Laying Down Harmonised Rules on Artificial Intelligence（Artificial Intelligence Act）and Amending Certain Union Legislative Acts-General Approach," November 25, 2022.

### 1.1.2 国内教育通用人工智能大模型研究现状

随着数字化转型需求增长,人工智能的应用也越来越多,而预训练大模型的出现则为人工智能带来新的机遇与希望。大模型作为政府和企业推进人工智能产业发展的重要抓手,在识别、理解、决策、生成等 AI 任务的泛化性、通用性、迁移性方面都表现出显著优势和巨大潜力[1]。在政策方面,我国"十四五"规划中提到"瞄准人工智能""聚焦人工智能关键算法",加快推进"基础算法"的"突破与迭代应用"[2];2023 年 5 月,北京、上海、深圳等城市也陆续发布相关规划,有望推动 AI 产业发展,以期在新一轮产业变革中占据上风。表 1-3 展示了我国出台的具有代表性的人工智能相关政策。

表 1-3 我国出台的具有代表性的人工智能相关政策

| 时间 | 发布机构 | 政策/战略 | 相关内容 |
| --- | --- | --- | --- |
| 2017 年 7 月 | 国务院 | 新一代人工智能发展规划[3] | 提出了面向 2030 年我国新一代人工智能发展的指导思想、战略目标、重点任务和保障措施,部署构筑我国人工智能发展的先发优势,加快建设创新型国家和世界科技强国 |
| 2020 年 7 月 | 国家标准化管理委员会、中央网络安全和信息化委员会办公室、中华人民共和国国家发展和改革委员会、科技部、工业和信息化部 | 国家新一代人工智能标准体系建设指南[4] | 通过梳理人工智能政策、技术及产业演进情况、标准化现状,分析人工智能的技术热点、行业动态和未来趋势,力求制定能适应和引导人工智能技术产业发展的标准体系。同时,考虑到人工智能跨领域,涉及多种技术融合,人工智能标准之间存在着相互依存、相互制约的内在联系,标准化工作需要统筹协调,《国家新一代人工智能标准体系建设指南》从支撑人工智能产业整体发展的角度出发,统筹考虑人工智能技术产业发展和标准化工作情况,提出适合现阶段的人工智能标准体系,并提出各部分标准建设重点,以指导标准的制定或修订工作 |
| 2021 年 3 月 | 中华人民共和国全国人民代表大会 | 《中华人民共和国国民经济和社会发展第十四个五年规划和 2035 年远景目标纲要》[5] | 瞄准人工智能、量子信息、集成电路、生命健康、脑科学、生物育种、空天科技、深地深海等前沿领域,实施一批具有前瞻性、战略性的国家重大科技项目。聚焦高端芯片、操作系统、人工智能关键算法、传感器等关键领域,加快推进基础理论、基础算法、装备材料等研发突破与迭代应用 |

---

[1] IDC. 2022 中国大模型发展白皮书[EB/OL]. (2023-02)[2024-12-28]. https://hulianhutongshequ.cn/upload/tank/report/2023/202306/1/6d6219b054214798a49d3db205cb62c8.pdf.

[2] 中华人民共和国全国人民代表大会.中华人民共和国国民经济和社会发展第十四个五年规划和 2035 年远景目标纲要[EB/OL]. (2021-03-13)[2023-06-25]. https://www.gov.cn/xinwen/2021-03/13/content_5592681.htm.

[3] 国务院.国务院关于印发《新一代人工智能发展规划》的通知[EB/OL]. (2017-07-08)[2023-06-25]. https://www.gov.cn/zhengce/content/2017-07/20/content_5211996.htm.

[4] 国家标准化管理委员会,中央网络安全和信息化委员会办公室,中华人民共和国国家发展和改革委员会,科技部,工业和信息化部.关于印发《国家新一代人工智能标准体系建设指南》的通知[EB/OL].(2020-07-27)[2023-06-25]. https://www.gov.cn/zhengce/zhengceku/2020-08/09/content_5533454.htm.

[5] 中华人民共和国全国人民代表大会.中华人民共和国国民经济和社会发展第十四个五年规划和 2035 年远景目标纲要[EB/OL]. (2021-03-13)[2023-06-25]. https://www.gov.cn/xinwen/2021-03/13/content_5592681.htm.

续表

| 时间 | 发布机构 | 政策/战略 | 相关内容 |
| --- | --- | --- | --- |
| 2021年9月 | 新一代人工智能治理专业委员会 | 《新一代人工智能伦理规范》① | 提出了增进人类福祉、促进公平公正、保护隐私安全、确保可控可信、强化责任担当、提升伦理素养6项基本伦理要求。同时,提出了人工智能管理、研发、供应、使用等特定活动的18项具体伦理要求 |
| 2022年8月 | 科技部 | 《关于支持建设新一代人工智能示范应用场景的通知》② | 坚持面向世界科技前沿、面向经济主战场、面向国家重大需求、面向人民生命健康,充分发挥人工智能赋能经济社会发展的作用,围绕构建全链条、全过程的人工智能行业应用生态,支持一批基础较好的人工智能应用场景,加强研发上下游配合与新技术集成,打造形成一批可复制、可推广的标杆型示范应用场景。首批支持建设10个示范应用场景 |
| 2022年7月 | 科技部等六部门 | 《关于加快场景创新以人工智能高水平应用促进经济高质量发展的指导意见》③ | 场景创新成为人工智能技术升级、产业增长的新路径,场景创新成果持续涌现,推动新一代人工智能发展上水平。鼓励在制造、农业、物流、金融、商务、家居等重点行业深入挖掘人工智能技术应用场景,促进智能经济高端高效发展 |
| 2023年2月 | 中共中央、国务院 | 《数字中国建设整体布局规划》④ | 系统优化算力基础设施布局,促进东西部算力高效互补和协同联动,引导通用数据中心、超算中心、智能计算中心、边缘数据中心等合理梯次布局 |
| 2023年5月 | 北京市人民政府 | 《北京市促进通用人工智能创新发展的若干措施》⑤ | 针对提升算力资源统筹供给能力、提升高质量数据要素供给能力、系统构建大模型等通用人工智能技术体系、推动通用人工智能技术创新场景应用、探索营造包容审慎的监管环境五大方向,提出21项具体措施 |
| 2023年5月 | 上海市发展和改革委员会 | 《上海市加大力度支持民间投资发展若干政策措施》⑥ | 鼓励民间资本投资新型基础设施。充分发挥人工智能创新发展专项等引导作用,支持民营企业广泛参与数据、算力等人工智能基础设施建设 |
| 2023年5月 | 深圳市人民政府 | 《深圳市加快推动人工智能高质量发展高水平应用行动方案(2023—2024年)》⑦ | 从强化智能算力集群供给、增强关键核心技术与产品创新能力、提升产业集聚水平、打造全域全时场景应用、强化数据和人才要素供给、保障措施六方面,提出十八项具体举措 |

---

① 新一代人工智能治理专业委员会.《新一代人工智能伦理规范》发布[EB/OL].(2021-09-26)[2023-06-25]. https://www.most.gov.cn/kjbgz/202109/t20210926_177063.html.

② 科技部.关于支持建设新一代人工智能示范应用场景的通知[EB/OL].(2022-08-12)[2023-06-25].https://www.gov.cn/zhengce/zhengceku/2022-08/15/content_5705450.htm.

③ 科技部等六部门.关于印发《关于加快场景创新以人工智能高水平应用促进经济高质量发展的指导意见》的通知[EB/OL].(2022-07-29)[2023-06-25].https://www.gov.cn/zhengce/zhengceku/2022-08/12/content_5705154.htm.

④ 中共中央,国务院.中共中央 国务院印发《数字中国建设整体布局规划》[EB/OL].(2023-02-27)[2023-06-25]. https://www.gov.cn/xinwen/2023-02/27/content_5743484.htm.

⑤ 北京市人民政府.关于印发《北京市促进通用人工智能创新发展的若干措施》的通知[EB/OL].(2023-05-30)[2023-06-25].https://www.beijing.gov.cn/zhengce/zhengcefagui/202305/t20230530_3116869.html.

⑥ 上海市人民政府.上海市加大力度支持民间投资发展若干政策措施[EB/OL].(2023-05-30)[2023-06-25]. https://www.shanghai.gov.cn/gwk/search/content/416411e6f22f42b4975c754c05c545a5.

⑦ 深圳市人民政府.深圳出台人工智能高质量发展高水平应用行动方案[EB/OL].(2023-05-31)[2023-06-25]. http://www.sz.gov.cn/cn/ydmh/zwdt/content/post_10623376.html.

续表

| 时间 | 发布机构 | 政策/战略 | 相关内容 |
|---|---|---|---|
| 2023年7月 | 国家互联网信息办公室、中华人民共和国国家发展和改革委员会 | 《生成式人工智能服务管理暂行办法》① | 从生成式人工智能总览、技术发展与治理、服务规范、监督检查与法律责任等方面,对生成式人工智能相关技术和行业的规范管理进行规定,推动相关技术产业健康发展 |
| 2023年7月 | 重庆市经济和信息化委员会 | 《重庆市以场景驱动人工智能产业高质量发展行动计划(2023—2025年)》② | 该计划从总体要求、重点场景布局、重点任务、保障措施等角度,旨在通过场景驱动促进产业高质量发展,目标包括创新体系构建、产业能级提升和国家级先导区创建 |
| 2023年8月 | 全国信息安全标准化技术委员会 | 《网络安全标准实践指南——生成式人工智能服务内容标识方法》③ | 该指南给出了针对文本、图片、音频和视频四类生成内容的标识方法,旨在指导生成式人工智能服务提供者提高安全管理水平 |
| 2023年8月 | 工业和信息化部、财政部 | 《电子信息制造业2023—2024年稳增长行动方案》④ | 《电子信息制造业2023—2024年稳增长行动方案》提出,要培育壮大虚拟现实、先进计算等新增长点。在先进计算方面,推动先进计算产业发展和行业应用,加快先进技术和产品落地应用。鼓励加大数据基础设施和人工智能基础设施建设,满足人工智能、大模型应用需求 |
| 2023年10月 | 国家互联网信息办公室 | 《全球人工智能治理倡议》⑤ | 提出发展人工智能应坚持相互尊重、平等互利的原则,各国无论大小、强弱,无论社会制度如何,都有平等发展和利用人工智能的权利 |
| 2023年12月 | 国家数据局等17个部门 | 《"数据要素×"三年行动计划(2024—2026年)》⑥ | 从激活数据要素潜能、总体要求、重点行动等五方面做出要求,部署了"数据要素×工业制造""数据要素×现代农业""数据要素×商贸流通"等12项重点行动。其中,在交通运输、科技创新、文化旅游等多个场景均提到人工智能。该计划提出,支持开展通用人工智能大模型和垂直领域人工智能大模型训练 |

---

① 国家互联网信息办公室.生成式人工智能服务管理暂行办法[EB/OL].(2023-07-10)[2023-08-15]. https://www.gov.cn/zhengce/zhengceku/202307/content_6891752.htm.

② 重庆市经济和信息化委员会.关于印发重庆市以场景驱动人工智能产业高质量发展行动计划(2023—2025年)的通知[EB/OL].(2023-07-25)[2023-08-15]. https://jjxxw.cq.gov.cn/zwgk_213/zcwj/qtwj/202307/t20230725_12182809.html.

③ 全国信息安全标准化技术委员会秘书处.关于发布《网络安全标准实践指南——生成式人工智能服务内容标识方法》的通知[EB/OL].(2023-08-25)[2023-12-25]. https://www.tc260.org.cn/front/postDetail.html?id=20230825190345.

④ 工业和信息化部,财政部.关于印发电子信息制造业2023—2024年稳增长行动方案的通知[EB/OL].(2023-08-10)[2023-12-25]. https://www.gov.cn/zhengce/zhengceku/202309/content_6902443.htm.

⑤ 中国网信网.全球人工智能治理倡议.[EB/OL].(2023-10-18)[2023-12-25]. http://www.cac.gov.cn/2023-10/18/c_1699291032884978.htm.

⑥ 新华社.《"数据要素×"三年行动计划(2024—2026年)》发布[EB/OL].(2024-01-04)[2024-03-01]. https://www.gov.cn/lianbo/bumen/202401/content_6924380.htm.

除国家政策推动中国大模型加速发展外,国内学术界和科技企业也纷纷加入对大模型的研究,相继宣布或将推出类似机器人对话模型,如 2023 年 2 月 7 日,百度发布"文心一言";2023 年 2 月 20 日,复旦大学发布了类 ChatGPT 模型 MOSS,并面向大众公开邀请内测。在 2023 年 5 月 28 日科技部新一代人工智能发展研究中心发布的《中国人工智能大模型地图研究报告》中,显示中国研发的大模型数量排名全球第二,仅次于美国;从国内大模型区域分布看,北京、广东、浙江、上海处于第一梯队[①]。目前中国 10 亿参数规模以上的大模型已发布 79 个,主要集中在北京和广东,其中北京 38 个大模型,广东 20 个大模型。表 1-4 展示了目前国内有影响力的大模型:百度"文心一言"、阿里"通义千问"、网易"玉言"、科大讯飞"星火"、中国科学院计算技术研究所的 CPM 系列模型等,都展现出了强大的自然语言处理能力和跨领域迁移能力,为各行各业提供了智能化解决方案。此外,上海人工智能实验室也在 2023 年世界人工智能大会科学前沿全体会议上首发书生通用大模型体系,包含多模态、浦语、天际三个基座模型,同时推出了首个面向大模型研发与应用的全链条开源体系。

表 1-4 国内通用大模型发展现状[②③④]

| 模型名称 | 开发公司 | 技术支持 | 参数量 | 耗费算力 | 主要特点 | 应用范围 | 局限性 |
|---|---|---|---|---|---|---|---|
| 文心一言 | 百度 | ERNIE 3.0 | 2600 亿 | 较 ChatGPT 算力需求低 | 生成式搜索、跨模态理解与交互 | 文本生成、百度搜索引擎 | 生成文本较短 |
| 通义千问 | 阿里 | Transformer ResNet Blocks | 10 万亿 | 能耗低 | 国内首个 AI 统一底座、借鉴人脑的模块化设计 | 图像描述、视觉定位、文生图、视觉蕴含 | 用户使用量少 |
| 星火大模型 | 科大讯飞 | Transformer | 超千亿 | 能耗低 | 支持 9 种语言文本、语音和图片翻译 | 文本生成、内容创作、会议纪要整理、稿件撰写 | 不能实现跨模态 |
| 盘古 | 华为 | Encoder-Decoder 架构 | 千亿 | 暂无 | 模型具备极佳泛化能力,效率高 | 跨模态检索、跨模态生成、内容生成等 | 模块化 |
| 日日新大模型 | 商汤 | Uni-Perceiver 架构 | 百亿 | 能耗较低 | 提供了完整的产业链 | 自然语言处理、内容生成、自动化数据标注、自定义模型训练、模型研发功能 | 只面向企业开放 |

---

① 赵志耘.中国人工智能大模型地图研究报告[R].北京:新一代人工智能发展研究中心,2023.
② 华东政法大学政治学研究院,华东政法大学人工智能与大数据指数研究院.《人工智能通用大模型(ChatGPT)的进展、风险与应对》研究报告[R].上海:华东政法大学,2023.
③ 德邦证券.AIGC 专题四:国内外大模型和 AI 应用梳理[EB/OL].(2023-05-19)[2024-12-28]. https://pdf.dfcfw.com/pdf/H3_AP202305221587037361_1.pdf.
④ 华泰证券.从阿里/商汤/华为大模型看应用趋势[EB/OL].(2023-04-20)[2024-12-28]. https://13115299.s21i.faiusr.com/61/1/ABUIABA9GAAgyJvQowYoufG83QY.pdf.

续表

| 模型名称 | 开发公司 | 技术支持 | 参数量 | 耗费算力 | 主要特点 | 应用范围 | 局限性 |
|---|---|---|---|---|---|---|---|
| 玉言 | 网易 | Encoder-Decoder架构 | 110亿 | 能耗低 | 具有良好的泛化性,在各类任务上都有出色的性能 | 文字游戏、智能NPC、文本辅助创作、音乐辅助创作、美术设计、互联网搜索推荐 | 内测开放少 |
| 智谱清言 | 智谱&清华 | ChatGLM2架构 | 千亿 | 暂无 | 泛化性较强,能出色地解决各类任务,支持文档上传 | 文本创作、文档内容总结、图片生成、辅助学习,与文本对话等 | 内容质量不稳定 |
| 混元大模型 | 腾讯 | Transformer架构 | 超千亿 | 能耗低 | 具备强大的中文创作能力,复杂语境下的逻辑推理能力,以及可靠的任务执行能力 | 能很好地进行多轮对话总结、内容创作和逻辑推理、知识增强等 | 局限于腾讯流量内 |

总体上,目前国内有几十家企业及科研机构涉足人工智能大模型训练,主要分为大型科技公司、科研院校和初创科技公司三类。其中,百度、阿里、华为等大型科技公司从算力层、平台层、模型层、应用层进行了四位一体的全面布局,科研院校及初创科技公司主要以研发大模型算法及细分领域应用为主。

2017年,谷歌发布的Transformer网络结构[1]是大模型发展的源头技术,自此以后大模型技术在自然语言理解、计算机视觉、智能语音等方面都取得了标志性的技术突破,以OpenAI发布的GPT系列模型[2][3][4]为时间基准,我国各大模型发展时间线如图1-1所示。

图1-1 我国各大模型发展时间线

教育是我国通用大模型的重要应用领域之一,也是我国通用大模型的重要创新源泉之一。不少科技企业将教育作为其重要应用,如科大讯飞的星火大模型、阿里巴巴的通义千问

---

[1] VASWANI A, SHAZEER N, PARMAR N, et al. Attention is all you need[J]. Advances in neural information processing systems,2017,30:1-11.

[2] RADFORD A. Improving language understanding by generative pre-training[EB/OL].(2018-06-11)[2024-12-25]. https://openai.com/research/language-unsupervised.

[3] RADFORD A, WU J, CHILD R, et al. Language models are unsupervised multitask learners[J]. OpenAI blog,2019,1(8):9.

[4] BROWN T, MANN B, RYDER N, et al. Language models are few-shot learners[J]. Advances in Neural Information Processing Systems,2020,33:1877-1901.

等。在众多布局 AI 大模型的玩家中,除互联网大厂、科技企业的身影频频浮现外,还出现了不少教育企业的身影。国内教育领域通用大模型发展现状如表 1-5 所示。

表 1-5 国内教育领域通用大模型发展现状

| 模型名称 | 开发企业/公司 | 应用场景/对象 | 主要功能 |
| --- | --- | --- | --- |
| MathGPT | 学而思 | AI 助手 | 数学领域的解题和讲题 |
| 子曰 | 有道 | AI 口语老师 | 口语练习、作文批改、英文写作 |
| 星火大模型 | 科大讯飞 | AI 学习机 | 中英文作文类人批改(学习机端)和生成(家长端)、数学个性化精准学类人互动辅学、英语类人口语陪练功能 |
| 职业教育行业大模型 | 中公教育 | 全三维数智人 | 通过虚拟现实技术,打破时空限制,为用户提供身临其境的学习体验,促进学习者的学习积极性和主动性。还可以实现语音识别、语义理解、情感识别、智能问答等功能,与用户进行更加自然的交互,更加有效地引导学习者 |
| 通义千问(智海三乐) | 阿里巴巴 | 人工智能教育教学 | 为国产人工智能教育教学体系、学科交叉方向的研究提供技术支撑,推动教育教学数字化发展,培养学生建立人工智能素养,了解人工智能等相关背景知识 |
| EmoGPT | 华东师范大学 | 心理健康辅导与陪伴 | 将人工智能技术与心理学专业知识相结合,识别用户在对话中流露出的情绪和心理状态,理解用户并进行心理疏导与建议 |
| 庄周大模型 | 元中文数字科技有限责任公司 | 国际中文教育 | 面向国际中文教育教学的 AI 数字课堂、AI 助教、数字人老师、口语陪练,并可提供教案制作、作业批改和教学设计等 |

尽管目前已有部分企业先后公布了自己在教育大模型领域的布局和进展,但国内研究者对人工智能通用大模型在教育领域的研究和应用还处于起步阶段,主要集中在理论探讨[①]、案例分析[②]和实验验证[③]等方面。此外,一些高校、科研机构和企业也在积极开展相关的技术开发和试点应用。例如,上海交通大学与华东师范大学联合承办了教育部教育信息化技术标准委员会主办的"教育通用人工智能大模型标准研讨会",邀请来自高校、企业和政府部门的专家学者共同探讨了教育通用人工智能大模型标准的研制方向和内容。总体而言,教育场景正逐渐成为 AI 大模型落地的重要场景之一。AI 大模型在教育领域应用的逐渐深入,或许会为教育领域带来一些新的变化,但同样需要应对各种各样的问题。

### 1.1.3 教育通用人工智能大模型的机遇与挑战

**1. 机遇**

人工智能通用大模型为教育带来前所未有的机遇,也带来一些挑战。从机遇方面看,人工智能通用大模型可以提升教育的智能化水平,实现教育资源的优化配置,满足不同学习者的个性化需求,促进教育公平和质量的提升。例如,人工智能通用大模型可以作为智能辅导员,根据学习者的知识状态、学习目标和兴趣爱好,提供适时适度的学习指导和反馈,帮助学

---

① 吴砥,李环,陈旭.人工智能通用大模型教育应用影响探析[J].开放教育研究,2023,29(02):19-25,45.
② 卢宇,余京蕾,陈鹏鹤,等.多模态大模型的教育应用研究与展望[J].电化教育研究,2023,44(06):38-44.
③ 雷晓燕,邵宾.大模型下人工智能生成内容嵌入数字素养教育研究[J].现代情报,2023,43(06):99-107.

习者解决学习难题,提高学习效率;人工智能通用大模型可以作为智能评测员,根据学习者的作业、考试和表现,进行客观、公正、全面的评价,并给出针对性的建议和改进措施;人工智能通用大模型可以作为智能推荐员,根据学习者的偏好、背景和水平,推荐合适的学习资源、课程和伙伴,拓展学习者的视野和交流。

(1) 个性化学习。AI大模型能跟踪学生的学习轨迹,并适应每个学生的独特学习方式。根据每个学生的学习速度和风格提供个性化的学习路径,通过记录学生的进步和偏好,并据此调整教学方式。大模型跟踪每个学生的学习进度和理解程度,从而为每个学生提供个性化的学习内容和教学速度。例如,Knewton公司就使用AI技术为学生提供了个性化的学习体验,其中AI会根据学生的知识掌握情况和学习方式调整教学内容和策略。

(2) 全天候辅导。AI大模型可以全天候提供支持,帮助学生在需要时获取即时反馈。这可以缓解教师的工作压力,也可以满足学生的自我学习需求。AI大模型可以在任何时间回答学生的问题,提供即时反馈,帮助学生在家庭作业或学习中解决问题。例如,Carnegie Learning的Mathia平台使用AI技术在学生需要帮助时提供即时反馈。

(3) 大规模在线课程支持。AI大模型可以实现在大规模在线课程中的个性化教学,这是传统教学方法无法实现的。Coursera和EdX等在线教育平台使用AI技术进行了自动评分,回答了学生的问题,从而为大规模在线课程提供了必要的支持。

(4) 模拟实践。在科学、工程或医学等需要实践的领域,AI可以模拟真实世界的场景,为学生提供一个安全的实践环境。MedCognition公司使用虚拟现实和AI技术,创建了一个模拟的紧急医疗环境,医学生可以在其中进行实践操作。

2. 挑战

从挑战方面看,AI大模型也存在一些技术、伦理和安全等方面的问题,需要引起高度重视和积极应对。例如,AI大模型需要消耗大量的计算资源和数据资源,如何降低成本和保护隐私是一个技术难题;AI大模型可能产生一些不符合教育规范和价值观的内容,如何避免误导和伤害是一个伦理难题;AI大模型可能被恶意利用或遭受攻击,如何防范风险和保障安全是一个安全难题。

(1) 数据隐私。在教育中使用AI大模型需要收集和处理大量的学生数据,这可能涉及隐私和安全问题。如何在收集必要的数据同时保护学生的隐私权和数据安全是一个重要的挑战。一些家长和教育工作者对Knewton等公司在处理学生数据方面的政策有了担忧。

(2) 公正性和偏见。AI大模型可能反映出训练数据中的偏见,导致对某些群体不公平对待。确保AI在教育中公正使用,减少和消除潜在偏见是一项重要的挑战。一些研究发现,某些基于AI的自动作文评分系统对某些文化背景的学生可能存在偏见。

(3) 可信性。教育通用人工智能大模型需对系统各个阶段进行识别、度量、监控、预警管理,通过改善和提高技术系统使模型可信。除技术系统可信外,还包括在教育方面的可信。例如,AI大模型可能受训练数据的质量、标注、反馈等因素的影响,导致输出的准确性和有效性降低,甚至产生错误或误导的结果;AI大模型可能受到测试数据的缺乏、不匹配、不一致等因素的影响,导致输出的泛化性和稳定性降低,甚至出现过拟合或欠拟合的现象;AI大模型可能受到验证、评估、审查等方法的不足、不全、不公等因素的影响,导致输出的正确性和合理性难以证明,甚至出现偏差或漏洞的情况。

(4) 可解释性。AI大模型的决策过程往往是黑箱的,这在教育评估中可能产生问题。

如果学生或教师对 AI 的评估结果有疑问,可能很难得到满意的解释。因此,提高 AI 在教育中的可解释性是一项重要的挑战。

(5)元认知。AI 大模型的过度使用可能削弱学生的元认知能力,即对自身学习过程的认知和调控的能力。教育者在运用 AI 大模型辅助教学的同时,也应促进学生的元认知能力的发展,使他们能够有效地监测和调整自己的学习目标、策略、效果等要素。例如,一些教育者担忧,如果学生始终依赖 AI 大模型提供的答案,他们可能缺乏对自己的学习过程的反思和评估,也难以改进自己的学习计划、步骤、方式等环节。

## 1.2 研究目标及意义

本研究旨在探索建立适合我国国情和教育需求的教育通用人工智能大模型标准体系,为我国教育通用人工智能大模型的研发和应用提供技术指导和规范保障。本研究具有以下目标。

(1)梳理分析国内外相关标准,了解国际上关于 AI 大模型标准化的现状和趋势,比较我国在这一领域的发展水平和差距,为我国制定符合国际规则和标准的教育通用人工智能大模型标准体系,为我国教育通用人工智能大模型的研发和应用提供技术指导和规范保障。

(2)调研分析国内应用需求,了解我国教育领域对教育通用人工智能大模型的应用场景和功能需求,分析我国教育通用人工智能大模型的应用现状和存在的问题,为我国制定符合国内教育需求和特点的教育通用人工智能大模型标准体系提供需求依据。

(3)分析大模型教育应用的功能要求,根据教育通用人工智能大模型的技术特点和教育领域的应用场景,确定教育通用人工智能大模型在教育领域的功能要求,包括语言理解、语言生成、知识获取、知识表示、知识推理、知识融合、知识评估等,为我国制定符合教育领域应用特性的教育通用人工智能大模型标准体系提供功能指标。

(4)确立标准专题组组织架构,根据教育通用人工智能大模型标准体系的研究内容和范围,确定标准专题组的组织架构,包括总体组、数据组、算法组、应用组、评估组等,明确各专题组的任务分工和协作机制,为我国制定高效协同的教育通用人工智能大模型标准体系提供组织保障。

本研究具有以下意义。

(1)有利于推动我国教育通用人工智能大模型的技术创新和产业发展,提高我国在该领域的国际竞争力和话语权。

(2)有利于促进我国教育通用人工智能大模型安全、合理、可持续地应用于教育领域,提升教育质量和效率,满足多样化的教育需求。

(3)有利于规范我国教育通用人工智能大模型的数据处理和隐私保护、算法模型安全性和可解释性、人机交互和个性化推荐等方面,防范可能存在的技术、伦理、法律等方面的问题和风险。

(4)有利于培养我国师生的人工智能核心素养,增强他们对人工智能技术的理解和运用能力,激发他们对人工智能技术的创新和探索精神。

## 1.3 研究过程

### 1.3.1 梳理分析国内外相关标准

为了了解国内外在教育通用人工智能大模型方面的标准化现状和发展趋势,本研究首先收集和整理了相关的国际标准、国家标准、行业标准和企业标准,涵盖数据、算法、应用、评估等方面的内容。通过对比分析,本研究总结了各类标准的特点、优势、不足和适用范围,以及存在的差距和问题,为后续的标准制定提供了参考依据。

美国国家标准与技术研究院(NIST)和美国国家人工智能研究所(NAIRI),致力于 AI 标准的制定和推动,以美国教育部教育技术部门提出的《人工智能与未来教学的启示和建议》标准为首,提出迫切需要建立人工智能模型与数据化对教育的影响政策。斯坦福大学人工智能研究院提出的《人工智能语言模型透明度评估》标准,引入整体评估语言模型(HELM)作为评估 AI 应用的框架。欧洲联盟在 AI 标准化方面也非常活跃,欧盟委员会已发布《欧洲人工智能法规》,其中包括 AI 系统的透明度、责任和可追溯性等方面的标准要求。一些私营机构和行业协会也参与了 AI 标准的制定,例如 IEEE 制定了一些与 AI 大模型相关的标准,P7000 系列的标准,涵盖 AI 伦理、透明度和可信度等方面。国际标准化组织 ISO/IEC JTC 1/SC 42 是负责 AI 标准化的技术委员会,其制定了一系列与 AI 相关的标准,涵盖机器学习、数据隐私、伦理和社会责任等方面。

全国信息技术标准化技术委员会(SAC/TC 28)在 AI 标准化方面扮演了重要角色,推动了一系列与 AI 相关的国家标准,提出 GB/T 42382.1—2023《信息技术 神经网络表示与模型压缩 第 1 部分:卷积神经网络》国家标准,是国内首个面向人工智能(AI)模型表示与压缩技术的国家标准。中国信通院联合科大讯飞等各大企业,共同制定了《大规模预训练模型技术和应用评估方法》,规范了研究主体开发大模型全栈技术能力的关键指标和评估方法。

各国各组织在 AI 标准化方面的努力旨在促进 AI 技术的安全性、可信度和可持续发展,确保 AI 的应用符合伦理原则,并为 AI 技术的发展提供了指导和框架。然而,AI 标准化仍然是一个不断发展和演进的领域,需要全球范围内的合作和持续努力。国内外 AI 大模型相关标准如表 1-6 所示。

表 1-6 国内外 AI 大模型相关标准

| 标准名称 | 内容 | 特点 | 优势 | 局限性 | 适用范围 | 发布机构 |
| --- | --- | --- | --- | --- | --- | --- |
| Artificial Intelligence and the Future of Teaching and Learning Insights and Recommendations | 描述了使用人工智能来改善教育机会,识别出现的挑战,进一步指导政策发展和发展建议 | 提出迫切需要建立人工智能模型与数据化对教育的影响政策 | 捕捉数据检测数据中的模式,提供教学资源自动化决策指令和其他教育过程 | 缺乏硬性指标 | 教师、教育领导者、决策者、研究者、教育技术创新者和供应商一起工作在紧迫的政策问题上出现的人工智能(AI)是用于教育 | U.S. Department of Education Office of Educational Technology |

续表

| 标准名称 | 内容 | 特点 | 优势 | 局限性 | 适用范围 | 发布机构 |
|---|---|---|---|---|---|---|
| 人工智能语言模型透明度评估 | 通过具体衡量其能力、风险和局限性，提高透明度，为理解人工智能模型和围绕它们设计更好的政策提供了一条前进的道路 | 引入整体评估语言模型（HELM）作为评估AI应用的框架 | 决策者能够了解其功能和影响，并确保其设计符合以人为本的优先事项和价值观 | 没有明确标准的情况下，语言模型评估是不均衡的 | HELM作为人工智能模型的公开报告，特别是对于那些封闭访问或广泛部署的模型，使决策者能够了解其功能和影响 | Stanford University Human-Centered Artificial Intelligence |
| IEEE Standard for AI Model Representation, Compression, Distribution, and Management | 本标准讨论了用于高效AI模型推理、存储、分发和管理的AI开发接口、AI模型互操作表示、编码格式和模型封装格式 | 该标准定义了AI开发接口 | AI模型可互操作表示，编码格式和模型封装格式，以实现高效的AI模型推理、存储、分发和管理 | 未包含教育范畴，且标准讨论范围较窄 | 该标准定义了AI开发接口，AI模型可互操作表示编码格式和模型封装格式，以实现高效的AI模型推理、存储、分发和管理 | IEEE |
| Framework for Artificial Intelligence (AI) Systems Using Machine Learning (ML) | 建立了一个人工智能和机器学习框架，用于描述使用机器学习技术的通用人工智能系统 | 建立了一个人工智能和机器学习框架，用于描述使用机器学习技术的通用人工智能系统 | 通过为这些系统建立一个共同的术语和一套共同的概念，本文为明确解释这些系统以及适用于其工程和使用的各种考虑因素提供了一个基础 | 整个文件中使用了诸如知识、学习和决策等术语。然而，将机器学习拟人化并不是本意 | 为广大读者准备，包括专家和非从业人员 | ISO/IEC |
| 人工智能模型表示与压缩技术的国家标准 | 信息技术 神经网络表示与模型压缩 第1部分：卷积神经网络 | 国内首个面向人工智能模型表示与压缩技术的国家标准 | 定义了AI模型的表示规范及满足多场景需求的分发、压缩与部署流程，打破了计算架构和算法框架之间的壁垒，提升了AI模型在网络分发、学习、应用部署方面的效率 | 标准根据当前AI产业界在资源受限设备和AI模型部署方面的需求指定 | AI模型领域全球标准体系化布局中国内标准推进工作领域 | 国家标准化委员会 |

续表

| 标准名称 | 内容 | 特点 | 优势 | 局限性 | 适用范围 | 发布机构 |
|---|---|---|---|---|---|---|
| 大规模预训练模型技术和应用评估方法 | 在大模型标准体系建设方面,大模型工作组结合大模型工程化重要阶段,确立模型开发、模型能力、模型应用和安全可信四个系列标准 | 模型能力标准关注大模型的功能、性能、服务三项能力 | 规范了研究主体开发大模型全栈技术能力的关键指标和评估方法 | 标准第1和第2部分较完善,第3和第4部分尚未成型 | 大模型头部企业、科研院所、互联网企业、AI企业、电信运营商、金融机构 | 中国信息通信研究院 |

### 1.3.2 调研分析国内应用需求

为了掌握国内教育通用人工智能大模型的应用现状和需求,本研究采用案例分析方法对国内高校、中小学、教育机构、教育企业等不同类型的教育主体进行了广泛的调研。通过收集和分析调研数据,本研究揭示了国内教育通用人工智能大模型的应用场景、功能要求、效果评价、存在问题和改进意见等方面的信息,为后续的标准制定提供了需求依据。

### 1.3.3 分析大模型教育应用的功能要求

基于对国内外相关标准和应用需求的调研结果,本研究进一步分析了教育通用人工智能大模型在不同教育领域和层次中的应用功能要求,包括大模型层、应用层、外部工具、外部智能体和大模型接口层五个模块。大模型层包含基础大模型层和微调层,微调层指的是用于将大模型微调成特定教育阶段的大模型,有微调策略和特定教育大模型两个部件;应用层基于教育大模型提供的功能完成各种不同的教学任务;外部工具指的是模型调用辅助解决教学任务的外部模块;外部智能体指的是与当前教育大模型交互的其他智能系统;大模型接口层位于应用层与大模型层之间,负责应用层和大模型层之间的数据传递。

### 1.3.4 确立标准专题组组织架构

根据前三个步骤的结果,本研究确定了教育通用人工智能大模型标准体系的总体架构和内容范围,包括信息模型,数据(集)标准,测评标准,监管标准,接口标准,安全、伦理、隐私六个专题组。每个专题组由相关领域的专家学者和企业代表组成,负责对应专题组的标准草案的编写和审定。本研究还制定了标准制定的工作计划和流程,明确了各专题组的工作任务和时间节点,为后续的标准制定提供了组织保障。

# 2 国外通用人工智能大模型发展现状

自 ChatGPT 横空出世以来，国外各大厂商纷纷推出自己的 AI 大模型产品和服务，如谷歌的 Bard、Meta AI 的 LLaMA、Anthropic 的 Claude 等。如何使技术落地，结合教育应用场景开发出更多的产品和服务，是接下来需要思考和研究的课题。下面着重介绍国外 13 种具有代表性的通用人工智能大模型，以及它们在教育中的应用案例，包括 OpenAI ChatGPT、Google Bard、Anthropic Claude、Meta AI LLaMA、Bigscience BLOOM、Stanford Alpaca 等模型。

## 2.1 OpenAI ChatGPT

### 2.1.1 大模型简介

GPT 系列模型是由 OpenAI 自 2018 年开始开发的一系列大规模预训练语言模型，它可以与人类进行自然语言的交互。GPT（Generative Pre-trained Transformer）代表"生成式预训练 Transformer"，是一种基于深度学习的自然语言处理技术，其利用海量的语言数据进行预训练，通过自回归的方式预测当前句子的下一个单词，从而能够在多个自然语言任务上表现出色。从 GPT-2 开始，GPT 系列模型就不再拘泥于预训练—微调的生成范式，而开始利用多任务的方法，通过增加模型参数量的方式实现模型在多种任务上的泛化性。GPT-3 之后，OpenAI 提出了上下文学习（In-context Learning）的方式，通过零样本或者少样本的方法实现多样化的自然语言处理任务。除此之外，在此阶段，GPT-3 还通过将代码作为语料进行训练的方式提高模型的逻辑推理能力，而后续的 InstructGPT 模型利用 RLHF（Reinforcement Learning from Human Feedback）的方式将模型输出与人类的行为进行对齐，进一步优化 GPT-3 的表现效果。ChatGPT 采用和 InstructGPT 相似的方式为对话进行特定的优化，在人机交互的实践中实现了相当优秀的表现效果。在此之后，OpenAI 提出的 GPT-4 模型将文本的输入扩展到多模态信号（GPT-4V），同时可以根据用户的文本输入生成静态图片（DALL-E3）。目前，GPT 大模型具有支持连续对话、对自己生成的内容进行反思和纠正、加入 RLHF 训练范式与人类行为对齐等特点，可适用于回答问题、撰写文章、总结提炼、生成代码等应用场景。

### 2.1.2 技术框架与参数

1. 基座模型

Transformer 架构是当前大模型领域主流的算法架构基础。GPT 模型的 decoder-only 模型仅采用了 Transformer 结构中解码器的部分，利用自回归的方式预测生成序列中下一个单词的概率。

2. NLP 大模型

ChatGPT 是基于 GPT-3.5 架构开发的对话 AI 模型。GPT-1 模型是 OpenAI 在 2018

年研发的预训练语言模型。GPT-1采用的依然是早先的"预训练—微调"方式,对不同的任务进行微调,在特定的自然语言任务中实现较好的表现效果。GPT-2模型由OpenAI于2019年提出,将参数量提升到1.5B,该模型利用多任务学习的方法,取消了微调步骤,开始在多种自然语言任务上都实现较好的泛化性能。GPT-3模型又在此基础上将模型参数大小提升到175B,进一步提高了模型的效果,而在此基础上出现的上下文学习和思维链等涌现能力进一步提高了模型在微调过程中的效率。GPT-4基于更大量的且更新的训练数据,最终在做出响应时能够考虑超过1万亿(1000B)个参数。ChatGPT则是在指令微调的InstructGPT基础上,利用RLHF的训练方式将模型的输出与人类对话对齐,实现优秀的与人类对话的能力。

3. CV大模型

1) GPT-4V:描述上传的图片

2023年9月,OpenAI发布了带视觉的GPT-4(GPT-4V),使用户能够指导GPT-4分析用户提供的图像输入。多模态LLM提供了扩展纯语言系统影响的可能性,具有新颖的界面和功能,使其能够解决新任务并为用户提供新颖的体验。

与GPT-4类似,GPT-4V的训练在2022年完成,在2023年3月开始提供早期访问系统。由于GPT-4是GPT-4V视觉能力背后的技术,因此其训练过程是相同的。预训练模型系统首先被训练以预测文档中的下一个单词,使用来自互联网以及许可数据源的大型文本和图像数据集。然后,它通过一种称为来自人类反馈的强化学习(RLHF)的算法进行额外的数据微调,以产生人类训练者更喜欢的输出。

无论是植物、动物,还是任何随机物体,GPT-4都能从图像中正确识别它。此外,它还能生成关于对象的描述性细节,包括图像转文字、图表分析、图像理解等。

在模型发布过程中针对与人物图片相关的风险进行了评估和减轻,例如人物识别,源自人物图片的偏见输出,包括由此类输入可能产生的代表性伤害或分配伤害。另外,OpenAI团队还研究了模型在某些高风险领域(如医学和科学熟练程度)的能力跃升。

2) DALL-E 3:文字生成图片

DALL-E到目前为止有三个版本,2021年1月,OpenAI发布了DALL-E;2022年,DALL-E迎来升级版本DALL-E 2,与初代相比,DALL-E 2在生成用户描述的图像时具有更高的分辨率和更低的延迟。2023年,DALL-E 3的发布进一步提升了模型对用户文本输入的理解能力,与市面上的其他文生图模型相比,DALL-E 3能主动贴近用户描述,提高了生成图像和用户描述的一致性,而不是迫使用户反复打磨prompt以减少生成幻觉。

DALL-E的功能是从文本描述中生成图像。它接受文本和图像作为包含1280 tokens的单独数据流,使用最大似然训练生成图像tokens。这种训练方法允许DALL-E从头开始生成图像,还可以依据文本提示词扩展已有图像。

DALL-E 2具有35亿参数量,生成的图像分辨率是DALL-E的4倍。而且相比于DALL-E,DALL-E 2可以综合文本描述中给出的概率、属性与风格三个元素生成更真实和更准确的图像。

DALL-E 3在对文字的精准呈现上更进一步,并且能和ChatGPT结合,通过对话的形式实现交互。无论是风格还是人物肖像,DALL-E 3都做了更严格的限定,以减少劣质输入对模型的影响,保证模型的精确性。

4. 文本生成视频大模型

2024年2月16日，OpenAI发布了一款新一代文本生成视频模型——Sora。这款模型具有直接输出长达60秒视频的能力，并且能够创造包含高度细致背景、复杂多角度镜头以及丰富情感的多个角色的场景。与其他文字生成视频工具如Runway Gen 2、Pika等仅在几秒内实现连贯性的能力相比，OpenAI无疑达到了史诗级的高度。

Sora已经具备涌现能力，它能从物理世界中模拟现实世界的人、动物和环境，这些能力是Sora根据训练内容自发产生的，而非通过为3D、物体等添加明确的偏好设置。

Sora还具备多种超越性的能力。首先，Sora具有三维一致性的能力，能生成动态摄像机运动的视频。当摄像机移动和旋转时，人和场景元素在三维空间中一致地移动，这使得Sora能够模拟现实世界中人、物和环境的真实特征。其次，Sora能有效地模拟短期和长期的依赖关系，展现出长范围的时间一致性和物体持久性。此外，Sora能模拟动作发生后产生的影响，例如一个人吃汉堡后留下咬痕。最后，它还能模拟数字世界中的人工过程，例如视频游戏中的控制，同时遵守世界的基本逻辑，并呈现出动态高保真的效果。

尽管Sora模型具有许多优点，但仍存在一些缺陷。模型不能准确模拟许多基本物理过程中的相互作用，也可能无法理解因果关系。此外，模型可能会混淆Prompt提供的空间细节，难以精确复刻随时间发生的事件。就像大语言模型存在幻觉问题一样，Sora可能也存在类似的问题。

### 2.1.3 产品与服务功能

模型即服务（MaaS）成为确定的商业模式，具体看，应用场景、产品形态及服务功能主要有以下几类。

(1) 互联网应用或SaaS（软件即服务）应用。直接向终端用户提供大模型SaaS应用产品，通过订阅模式、按生成内容的数量或质量收费、按比例分成等模式实现盈利。例如，ChatGPT对用户免费，但ChatGPTplus按20美元/月收费。

(2) "插件"（Plug in）。ChatGPT可集成加载第三方应用产品插件，大大拓展了大模型的应用场景，吸引了更多的用户，例如ChatGPT Plugins，大量餐饮、商旅网站和App通过插件加载集成到ChatGPT，增强了ChatGPT的功能和体验，用户不是简单地聊天，而是可以一站式实现综合任务，例如出差或旅游，大模型可以帮忙订机票、订酒店、订饭店和租车等。

(3) 自有应用重构。将自研的大模型能力直接内置嵌入自有应用，增强智能辅助和高效交互，为自有应用引流增加收益。例如，微软将GPT-4深度集成到Office、Bing等系列产品，功能要强大得多，例如，搜索可以对话式获取更聪明、精确和综合的答案，Office可以为辅助客户撰写PPT和文档，只说出需求，ChatGPT即可快速生成一份模板化文档，对其稍作修改即可使用，人人提高了工作效率。

(4) 开放API。大模型平台开放API，为开发者提供可访问和调用的大模型能力，按照数据请求量和实际计算量计费，开发者可以根据需要开发定制功能和应用，国内一些ChatGPT小程序和Web应用就是基于ChatGPT的API外包一层UI提供的，国内商汤"日日新"大模型也为用户开放了API。

(5) 大模型云服务。基于大模型和配套算力基础设施提供全套模型服务，如为客户提供自动化数据标注、模型训练、微调工具等以及增量支撑服务，按照数据请求量和实际计算量计费，例如 Azure OpenAI 服务，客户可开发训练自己的大模型，未来不提供大模型框架、工具和数据集处理能力的云将很难吸引客户"上云"。

（6）面向用户开放的 GPTs(ChatGPT 推出的 GPTs 功能的简称)。在 2023 年 11 月 OpenAI 的发布会上，发布了 GPTs 以及后期推出的 GPT Store 计划。发布会上对 ChatGPT 4 的订阅用户开放了 GPTs 的制作，允许用户通过上传知识库的方式进行特定领域的私人定制的 GPT 应用，并规划于特定的知识领域，用户可以决定将 GPTs 以仅个人使用、仅分享链接使用、所有人可见的方式发布自己制作的 GPT 应用。该功能上线 1 个月，已有 30000 多个人 GPT 应用发布。

（7）Assistant API。同样，在 OpenAI 的 2023 年 11 月的发布会上，还发布了面向开发者的 Assistant API 支持，该功能旨在帮助开发人员构建一个功能强大的 AI 助手。该助手可以根据特定的指令和功能需求，调用 OpenAI 的模型，并调整其功能响应用户的查询。目前，Assistant API 集成了代码解释器（Code Interpreter）、检索（Retrieval）和函数调用（Function Call）三种类型的工具。

### 2.1.4　大模型特色

ChatGPT 嵌入了人类反馈强化学习及人工监督微调，因而具备理解上下文、连贯性等诸多先进特征，解锁了海量应用场景。具体来说，ChatGPT 具有以下特征。

（1）可以主动承认自身错误。若用户指出其错误，模型会综合意见并给出优化答案。

（2）可以质疑不正确的问题。例如，被询问"哥伦布 2015 年来到美国的情景"的问题时，机器人会说明哥伦布不属于这一时代并调整输出结果。

（3）可以承认自身的无知，承认自己对专业技术不了解。

（4）支持连续多轮对话，极大地提升了对话交互模式下的用户体验。

（5）上下文理解。与生活中用到的各类智能音箱不同，ChatGPT 在对话过程中会记忆先前使用者的对话信息，以回答某些假设性的问题。

（6）相比于以往的对话系统，大幅提升了对用户意图的理解。

（7）相比于以往的对话系统，大幅提升了准确度。

### 2.1.5　教育场景与案例

**场景一：助力个性化学习**

ChatGPT 根据学习记录、行为跟踪等方式收集用户的数据以了解其兴趣、学习风格、学习目标等信息，分析学生的学习情况和学习习惯，以便能根据每个用户的需求和偏好，提供个性化的学习建议和方案。

学生可以向 ChatGPT 咨询问题、寻求建议，ChatGPT 生成详细的解答和指导，以帮助学生更好地理解并掌握知识。以英语学习为例，ChatGPT 可以模拟真实的英语交流情境，提供实时的语音交互和语言学习辅导，结合其他的应用插件帮助学生更好地提高英语口语和听力能力；在学习资源的整合上，ChatGPT 可以分析学生的学习水平和兴趣爱好，根据学生的需求，推荐适合的学习资料，让学生在学习过程中更加高效地获取知识和信息，如图 2-1 所示。

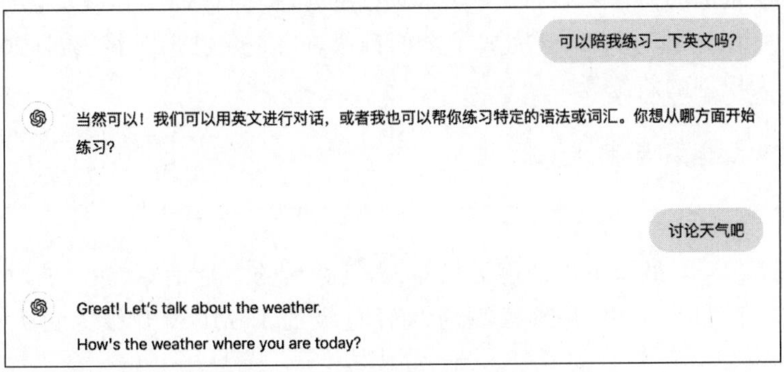

图 2-1 ChatGPT 辅助学生学习英语

**场景二：协助教师发展**

ChatGPT 可以作为教师的助手，为教师提供在线的智能化服务，例如，根据教师的要求，生成适合教学的测试题目和答案，帮助教师更好地进行教学评估和学生测评；ChatGPT 还可以帮助教师在在线授课中进行答疑解惑，解决学生的疑问和困惑，提高教学质量和效率，如图 2-2 所示。

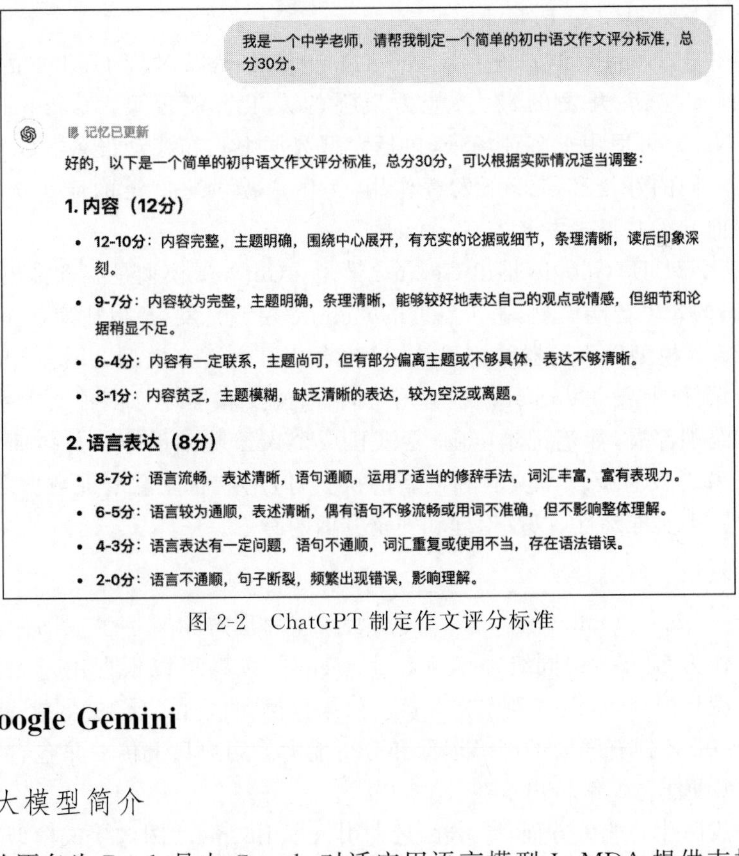

图 2-2 ChatGPT 制定作文评分标准

## 2.2 Google Gemini

### 2.2.1 大模型简介

Gemini 的原名为 Bard，是由 Google 对话应用语言模型 LaMDA 提供支持的实验型对话 AI 服务，利用来自互联网的信息提供最新、高质量的回复。Google 表示，Bard 是对搜索引擎的补充，而不只是一种搜索。作为一个对话 AI 系统，Google 将 Bard 描述为"富有创造力且能为你提供帮助的协作者,可以激发你的想象力,提高你的工作效率,并将你的想法变成现实"。2024年2月8日,Bard完成了全面升级,Google也宣布将Bard改名为Gemini,这标志着进入大模型的新纪元。

### 2.2.2 技术框架与参数

**1. 基座模型**

Gemini是Google最新推出的聊天机器人,其背后的力量是Google的对话应用语言模型LaMDA。未来,Gemini的基础模型将从轻量级的LaMDA升级为更大规模的PaLM模型。

**2. NLP大模型**

LaMDA是Google的对话专用大语言模型,是通过微调一系列以Transformer为基础的模型而构建出来的。LaMDA具有137B的参数,展示了接近人类水平的对话质量。

PaLM是Google提出的大语言模型,采用的是decoder-only的单向自回归模型架构,具有540B个参数。PaLM在数百种语言理解和生成benchmarks上达到了当时最优秀的few-shot表现。使用Google提出的UL2R方法继续训练PaLM模型,可以得到更节省算力资源并具有更好效果的U-PaLM模型。

2023年12月,Google正式发布Gemini 1.0,作为足以对标GPT-4的多模态模型。Gemini是目前Google开发的最大、能力最强的人工智能模型。Gemini分三种规模:Ultra、Pro和Nano,可适用于多种场景,包括大型数据中心和移动设备。Gemini模型的灵活性使其能在不同的环境和需求下发挥作用,为用户提供更广泛的应用选择。2024年2月,原Bard全面升级并正式更名为Gemini。

2024年2月21日,Google推出Gemma模型。Gemma模型是谷歌推出的一系列轻量级、开放源代码的人工智能模型,基于谷歌的Gemini模型研发,足以比肩甚至超越Meta的Llama 2模型。该模型以解码器结构设计,仅包含英语大语言模型,并提供开放权重、预训练模型和指令调优模型。Gemma模型适用于问答、摘要和推理等多种文本生成任务,且可在资源有限的终端部署,如笔记本电脑、台式机或个人云基础设施。总体而言,Gemma模型为研究人员和开发者提供了实验和创新的机会,但用户需注意培训数据质量、任务复杂性、语言歧义性、事实准确性,以及伦理和安全方面的考虑。

**3. CV大模型**

随着Bard升级为Gemini,这一新一代模型在图片理解和文字生成图片方面具备了更丰富的能力。作为GPT-4的同级别竞争对手,Gemini模型可以根据用户提供的提示词快速生成文字和图片内容,从而实现图文并茂的效果。例如,它可以轻松生成一篇北京旅游攻略。此外,Gemini还拥有强大的图形读取和分析能力。用户只上传一张包含物理公式的图片,Gemini模型便能迅速解析出这些公式。

在文字生成图片的能力方面,Google近期引入了Imagen2图像生成模型,而Gemini已经整合了这一技术,使用户能够在Gemini平台上生成图像。值得一提的是,Gemini完成升级后,用户无须新建一个对话,只需直接修改提示词,比如将提示词中的bear替换为cat,点击"更新",Gemini即可生成一组新的图像,极大地提高了用户的操作便利性。Imagen2模型能生成细腻、真实的图像,效果与DALLE3模型不相上下。此外,Imagen2模型在文字渲染能力方面也处于行业领先地位。

总之,在谷歌的CV大模型领域,Gemini模型的升级为用户提供了更丰富和灵活的功能,不仅可以生成文字和图片内容,还能根据用户需求快速修改和更新,从而提高了用户体验。同时,整合了Imagen2技术使其在图像生成方面更加强大,为用户提供了更真实、更具表现力的图片内容。Gemini的这些优势使其在文本生成和图片理解领域具有显著的竞争优势,有望成为未来教育、娱乐等领域的重要工具和资源。

4. 跨模态大模型

Google将Bard迁移到功能更强大的大语言模型PaLM2,旨在实现多模态、高效和为未来创新而构建,具有如下功能。

(1)面向180多个国家和地区免费公开使用。

(2)新增图片问答,对话更加直观。

(3)整合Adobe Firefly,快速生成图片。

PaLM-E是用于具体推理任务、视觉语言任务和语言任务的单一通用多模态语言模型。PaLM-E将视觉语言领域的知识转化为具体推理——从复杂动力学和物理约束环境中的机器人规划,到回答有关可观察世界的问题。PaLM-E对多模态句子进行操作,即标记序列,其中来自任意模态的输入(如图像、神经3D表示或状态)与文本标记一起插入,作为大语言模型的输入,进行端到端训练。

2023年12月,Google发布原生多模态大模型Gemini,拥有同时处理包括文本、图片、语音形式的数据的能力。Gemini一开始就在不同模态上进行预训练,利用额外的多模态数据进行微调以提升其可用性。在32个基准测试对比中,Gemini在其中的30项大幅领先于GPT-4。在发布会上的一段演示视频中,Gemini展示了对文本、图像的非同凡响的协同识别能力。在视频中,Gemini极为自如地在图像、音频、视频各模态之间转换,展现了惊人的产品形态。

2024年1月,谷歌DeepMind团队提出一个名为SpatialVLM的系统,旨在增强VLM的空间推理能力。跨模态大模型的精确性受限于其空间推理能力,比如识别物理对象的数量关系、距离或大小差异,而SpatialVLM在空间推理能力上得到重大突破。与GPT-4V相比,SpatialVLM有更强大的空间推理能力,并且额外拥有距离估计能力。SpatialVLM首先开发了一个自动3D空间VQA数据生成框架,该框架可在1000万张真实图像上扩展到20亿个VQA示例,该研究团队提供了数据质量验证、训练流程和VLM架构,最后给出了在下游任务上的具体思路。

### 2.2.3 产品与服务功能

Gemini是Google基于LaMDA研制的对标ChatGPT的智能聊天机器人,致力于将广泛的世界知识与大型语言模型的强大功能和创造力结合起来,利用来自网络的信息为输入问题提供最新、高质量的回答。Gemini提供了下列功能。

(1)生成高质量的文本和图片,并使用Google搜索引擎增强回复内容,让回复更权威。

(2)执行编码功能,包括生成、调试和解释代码的能力。在I/O大会上进行演示时,Gemini能使用Python无缝生成"Scholar's Mate move in Chess",甚至为代码提供了深入的解释。Gemini 甚至会提供渲染代码的引证,以便进行双重检查。Gemini 未来将支持 20 多种编程语言。

(3) 逻辑推理和数学问题处理。Gemini 由 PaLM2 驱动。PaLM2 的加入为 Gemini 提供了以前无法实现的新功能,包括科学论文和数学表达在内的新数据集,使得 Gemini 更善于处理复杂的逻辑推理和数学问题。

(4) 通过主流插件提供额外功能。Gemini 可以和 Google 全家桶联动,将 Gemini 生成的内容(包括格式)直接导出到 Google Docs 和 Gmail 中,可以在办公时加快和简化工作流程。除此之外,还有其他一些方便用户的应用程序可以通过 Gemini 即时访问,如音乐应用 Spotify、沃尔玛超市应用、求职应用 Indeed、送餐应用 Uber Eats、图像创作软件 Adobe Firefly 等。

而 Google 多模态大模型 Gemini 同时包含了三种不同尺寸的模型:Gemini Ultra、Gemini Pro 和 Gemini Nano,其中 Gemini Ultra 的能力最强,复杂度最高,能处理最困难的多模态任务;Gemini Pro 的能力稍弱,是一个可扩展至多任务的模型;Gemini Nano 则是一款可以在移动端侧运行的模型。从 Gemini 发布日起,其可用于 Google Pixel 智能手机,并将很快与 Google 服务中的其他产品集成,包括 Chrome、搜索和广告等。

### 2.2.4 大模型特色

Google Gemini 具有如下特色。

(1) 可以访问互联网。有近乎实时的时效性,能总结近期新闻。

(2) 可以通过链接阅读图片。虽然 Gemini 不像 OpenAI 最新的 GPT-4 LLM 那样是多模态的,但它现在将能智能地阅读图像并做出回应。这将通过把 Google Lens 直接整合到 Gemini 中实现。

(3) 内置图像生成器以生成图片。Google 将把 Adobe Firefly 的模型直接整合到 Gemini 中,以方便用户使用该服务。这意味着,用户将能通过提示请求 Gemini 提供图像,并将通过 Adobe Firefly 获得图像输出。

(4) 提供直观的视觉回复。Google 为 Gemini 提供了视觉回复功能,当被问及不同的查询时,Gemini 将智能地使用 Google 搜索,并与文本结果一起提供有用的视觉背景。

(5) 集成各种 Google 服务。为了简化工作流程,Google 正在创建 Gemini 和其他服务之间的无缝连接,如 Google 表格、文件,甚至地图。这将使所有这些服务都能协同工作,并为 Google Gemini 注入更多的新功能。

(6) 将拥有大量工具(插件)。Google 将与 Kayak、Spotify、OpenTable、ZipRecruiter、Instacart、Wolfram 和 Khan Academy 等服务合作,为 Gemini 带来选择性的体验。

(7) 同时提供多个回答。默认情况下,Google Gemini 会写出同一答案的三个不同版本,这让人们可以自由选择最适合他们询问的答案。

(8) 将支持扩展语言。Google 宣布 Gemini 将很快获得对 40 多种语言的支持。

### 2.2.5 教育场景与案例

Gemini(原 Bard)在教育领域的应用目前集中在数学计算、编程问题等理科领域和 AI 写作练习等文科领域。Google 继新增 Bard 图片回复功能后,主要针对 Bard 的数学计算能力进行了又一次功能迭代,预计能将 Bard 解决数学问题的能力提高 30%。

**场景一:数学计算、编程问题**

Bard 使用了一种名为"隐式代码执行(implicit code execution)"的新技术,它可以让 Bard 编写和执行自己的代码。最新版本的 Bard 识别能根据逻辑代码的提示,在后台编写代码、对其进行测试,并使用结果生成更准确的回答,这大大提高了 Bard 的推理和数学能力,使其有能力解决高级推理和逻辑性较强的复杂问题,如"15683615 的质因数是什么?""计算某人储蓄的增长率""倒写单词 Lollipop"。

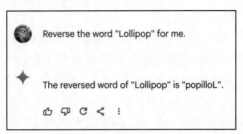

图 2-3　Bard 对倒写单词 Lollipop 的回复

Bard 之前使用的大语言模型像一个预测引擎。大语言模型根据提示,预测可能进一步出现的词汇,进而生成回复,整个流程并不涉及精细的逻辑推理与计算。因此,Gemini 有能力解决语言类、创造性任务,但却无法准确回答推理、数学等领域的问题。

**场景二:AI 写作练习**

学生可以向 Bard 咨询问题、寻求建议,生成详细的解答和指导,帮助学生更好地理解和掌握知识。以语文写作课为例,学生可以询问 Bard 如何写一封有关人工智能方面的主题演讲稿,并从多个角度分析,如图 2-4 所示。

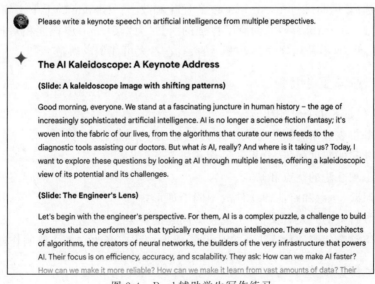

图 2-4　Bard 辅助学生写作练习

## 2.3 Anthropic Claude

### 2.3.1 大模型简介

Anthropic 是一家由前 OpenAI 团队成员创立的人工智能初创公司,其目标是开发有用、诚实和无害的 AI 系统,并且关注未来 AI 安全和伦理问题。Claude 是 Anthropic 的第一个产品,也是一个基于 Transformer 的对话系统,但它采用了 Anthropic 称之为"Constitutional AI"的训练技术。

"Constitutional AI"是指在训练过程中给予模型一些原则或约束条件(类似宪法或组织中的规章制度),使其在生成内容时遵循这些原则或约束条件,并且可以根据用户或开发者的反馈进行调整,这样可以使模型更可控、更诚实、更无害,并且可以适应不同的场景和需求。

2023 年 7 月,Anthropic 发布了 Claude 2,较之前的版本,Claude 2 在代码、数学、推理方面都有了很大程度的提升。不仅如此,它还能做出更长的回答——支持高达 100K tokens 的上下文。

### 2.3.2 技术框架与参数

1. 基座模型

基座模型基于无监督方式训练、520 亿参数的模型 AnthropicLM v4-s3。

2. NLP 大模型

Claude 是一个基于 AnthropicLM v4-s3 的新型 AI 聊天机器人模型产品,具有与 GPT-4 类似的架构选择,但是经过了 Anthropic 的优化和改进。Claude 的上下文窗口从 9000 个 tokens 扩展到 10 万个 tokens,从而有了更强的"记忆力",Claude 应该能相对连贯地交谈几个小时,甚至几天,而不是几分钟。更重要的是,它不太可能偏离轨道。

### 2.3.3 产品与服务功能

Claude 具有如下几个服务功能。
(1) 对财务报表或研究报告等文件进行消化、总结和解释。
(2) 根据公司的年度报告,分析其风险和机会。
(3) 评估一项立法的优点和缺点。
(4) 识别风险、主题和跨法律文件的不同论证形式。
(5) 阅读数百页的开发者文档,呈现技术问题的答案。
(6) 通过将整个代码库放入上下文中并智能地构建或修改它来快速制作原型。

### 2.3.4 大模型特色

Claude 能执行各种基于文字对话的任务,如文档搜索、摘要、写作、编码,以及响应用户的提问。Claude 可以根据用户的输入和上下文生成合适的回复,并且可以与用户进行多轮对话。

Claude 采用了"宪法式 AI"的训练技术,使其在生成内容时遵循一些原则或约束条件,并且可以根据用户或开发者的反馈进行调整,这样可以使 Claude 更可控、更诚实、更无害,并且可以适应不同的场景和需求。

Claude 在多个对话机器人相关的任务上都表现出优异的性能,比如在 CoQA(一个常识问答数据集)上达到了 86.7% 的 F1 分数,在 ConvAI2(一个对话评估数据集)上达到了 4.5 分(满分为 5 分)。

### 2.3.5 教育场景与案例

Claude 可作为一个教育智能助手,帮助用户完成各种与文本相关的任务,如文档搜索、摘要、写作、编码等。Claude 可以根据用户提供的信息和需求生成合适的文本,并且可以与用户进行交互和反馈。

Claude 可以作为一个教育学习工具,帮助用户学习和掌握各种知识和技能,如语言、编程、科学等。Claude 可以根据用户的水平和目标提供个性化的教学内容,并且可以与用户进行问答和评估。

## 2.4 Meta AI LLaMA

### 2.4.1 大模型简介

2022 年 5 月,Meta AI 实验室开源了自己的首个大语言模型 OPT(Open Pre-trained Transformer Language Models),对标 OpenAI 的 GPT-3,其中最大模型参数达到 1750 亿。7 月,Meta AI 发布 NLLB(No Language Left Behind),可以支持 200 多种语言任意互译,其参数量达到 545 亿。11 月,由 Meta AI 与 Papers with Code 合作开发的 Galactica 使用数百万条学术内容进行训练,在一般语言任务的"BIG-Bench"-Benchmark 中击败了大型开源语言模型 Bloom 和 OPT-175B,与其他开源语言模型相比,生成的文本的毒性明显较低。12 月,Meta AI 对 OPT-175B 模型进行了升级,发布了更新版本 OPT-IML(Instruction Meta Learning),一个经过人类指令微调的大语言模型。它不仅在所有基准上的表现都明显优于 OPT,而且与其他模型相比也具有很强的竞争力。2023 年 2 月,Meta AI 最新的开源大模型 LLaMA 发布,其使用更多的训练数据实现了较小模型的优化。

Llama 2 是 Meta AI 在 2023 年 7 月发布的最新一代开源大模型。相比于 Llama 1,Llama 2 的训练数据多了 40%,上下文长度也翻倍,并采用了分组查询注意力机制。

Llama 2 采用了 Llama 1 的大部分预训练设置和模型架构,使用标准的 Transformer 架构,应用 RMSNorm 进行预归一化,使用 SwiGLU 激活函数和旋转位置编码,在公开的在线数据源上进行了预训练。与 Llama 1 相比,主要的架构差异包括增加的上下文长度和分组查询注意力(GQA)。Llama 2 开源了 7B、13B、70B 模型。

Llama 2 可免费用于研究和商业用途。Llama 2 在许多外部基准测试上优于其他开源语言模型,包括推理、编码、熟练程度和知识测试。和闭源模型相比,Llama 2 的性能与 GPT-3.5 接近。

### 2.4.2 技术框架与参数

**1. 基座模型**

与现有的大语言模型类似,LLaMA 使用了 Transformer 基座模型,有 70 亿、130 亿、330 亿和 650 亿四种不同的参数量选择。

**2. NLP 大模型**

与 Chinchilla、PaLM 或 GPT-3 不同,LLaMA 只使用公开可用的数据(例如英文 Common Crawl、C4、GitHub、Wikipedia、Books、arXiv、StackExchange 等)进行训练,使其工作与开源兼容,而大多数现有模型依赖于未公开或未记录的数据。

尽管 LLaMA-13B 相比 GPT-3 要小,但它在大多数基准测试中都优于 GPT-3,并且可以在单个 V100 GPU 上运行。在更高的规模上,与最好的大语言模型(如 Chinchilla 或 PaLM-540B)相比,LLaMA-65B 也具有竞争力。

**3. CV 大模型**

2023 年 4 月,Meta AI 发布了第一个致力于图像分割的 CV 大模型 SAM(Segment Anything Model)。SAM 已经学会了关于物体的一般概念,并且可以为任何图像或视频中的任何物体生成 mask,甚至包括在训练过程中没有遇到过的物体和图像类型。SAM 足够通用,可以涵盖广泛的用例,并且可以在新的图像领域上即开即用,无需额外的训练。即使在未知对象、不熟悉的场景(例如水下图像)和模棱两可的情况下也能很好地进行图像分割。SAM 将 NLP 的 Prompt 范式引入 CV 领域,进而为 CV 基础模型提供了更广泛的支持与深度研究。

**4. 跨模态大模型**

2023 年 5 月,Meta AI 发布多模态大模型 ImageBind。拥有"多种感官"的多模态 AI 模型 ImageBind,能将文本、音频、视觉、热量(红外)和 IMU 数据嵌入一个向量空间中。ImageBind 可以用图像检索音频,即以图像或视频作为输入,实时生成给出音频。比如,选择一张恶犬的图片,就能检索到狗吠的音频。和其他模型一起结合用,比如 DALL-E 2 等生成模型,可以实现用音频生成图像。ImageBind 是一个像人类一样结合不同感官的新 AI 模型。它可以实现跨 6 种模态,包括图像、视频、音频、深度、热量和空间运动。把不同的模式嵌入叠加,可以自然地构造它们的语义。比如,ImageBind 可以与 DALL-E 2 解码器和 CLIP 文本一起嵌入,生成音频到图像的映射,在这个过程中使用了 Meta AI 开源的一系列 AI 模型,如 DINOv2、SAM、Animated Drawings。

2024 年 2 月,Meta 在 OpenAI 发布 Sora 的当天发布了 V-JEPA(Video Joint Embedding Predictive Architecture,视频联合嵌入预测架构)[①]。它是一种非生成模型,通过预测抽象表示空间中视频的缺失或屏蔽部分来学习。V-JEPA 专注于理解和生成视觉内容,在处理图像和视频数据方面表现出色,能理解和模拟复杂的视觉场景。V-JEPA 采用自监督学习

---

① Revisiting Feature Prediction for Learning Visual Representations from Video[EB/OL].(2024-02-15)[2024-02-25]. https://ai.meta.com/research/publications/revisiting-feature-prediction-for-learning-visual-representations-from-video/.

方法,使用未标记的数据进行预训练。也就是说,它的预测过程是无监督进行的,完全依赖于视频数据本身的结构和内容。V-JEPA 架构使得多模态大模型具备观看视频来学习和理解物理世界的能力,是通往 AGI 的一条重要路径。

### 2.4.3 产品与服务功能

相比于其他大语言模型,LLaMA 的参数量更小,可以在消费级设备上进行简单的部署和微调。通过完全在公开可用的数据上进行训练,LLaMA 有可能达到最先进的性能,而不需要求助专有的数据集,这有助于提高鲁棒性和减少已知的问题,如毒性和偏见。

### 2.4.4 大模型特色

LLaMA 在常识推理、闭卷答题和阅读理解方面,LLaMA-65B 几乎在所有基准上都优于 Chinchilla-70B 和 PaLM-540B。LLaMA 在数学方面,尽管 LLaMA-65B 没有在任何相关的数据集上进行过微调,但它在 GSM8K 上的表现依然优于 Minerva-62B。而在 MATH 基准上,LLaMA-65B 超过了 PaLM-62B。在代码生成基准上,LLaMA-62B 优于 cont-PaLM(62B)以及 PaLM-540B。

### 2.4.5 教育场景与案例

LLaMA 更准确地生成代码和解决数学问题,LLaMA-I 是一个经过更丰富指令微调的 LLaMA 模型,在这方面有明显的优势。更进一步地,Meta AI 的跨模态大模型能利用已有的模型,如 LLaMA、SAM 等,进行更多模态的扩展。与 Llama 2 同时发布的 Llama Chat 和 Code Llama 分别在对话领域和代码领域进行了微调。Llama Chat 通过强化学习从人类反馈中继续提升,注重模型的安全性和帮助性。Code Llama 是 Llama 2 的代码专用版本,是通过在其特定于代码的数据集上进一步训练 Llama 2 创建的,从同一数据集中采样更多数据的时间更长。本质上,Code Llama 具有建立在 Llama 2 之上的增强的编码功能。它可以根据代码和自然语言提示生成代码和有关代码的自然语言(例如,"给我写一个输出斐波那契序列的函数")。它还可用于代码完成和调试。它支持当今使用的许多最流行的语言,包括 Python、C++、Java、PHP、TypeScript (JavaScript)、C♯ 和 Bash。

## 2.5 英伟达 Megatron-Turing

### 2.5.1 大模型简介

Megatron-Turing 是由微软和英伟达 2021 年共同推出的大模型,集成了 Turing NLG 17B 和 Megatron-LM 模型,具有 5300 亿个参数。

### 2.5.2 技术框架与参数

1. 基座模型

Megatron-Turing 使用了 Transformer 解码器架构,它是一个从左到右生成的基于 Transformer 的语言模型,由 5300 亿个参数组成。基于开源数据集集合 The Pile,研究者构建了训练数据集,涵盖学术资源、社区、代码存储库等,微软和英伟达还引入了 Common Crawl 的大量网页快照,包括新闻报道和社交媒体帖子。

2. NLP 大模型

Megatron-Turing 包含 5300 亿个参数,并在一系列广泛的自然语言任务中表现出较好的准确性,包括阅读理解、常识推理和自然语言推理。

### 2.5.3 产品与服务功能

Megatron-Turing 主要提供的是 NLP 领域的服务,如阅读理解、常识论证、自然语言推理、词义消歧等。

### 2.5.4 大模型特色

Megatron-Turing 是通过研究者特别构建的高质量的自然语言训练语料库训练而成的,这对模型的表现有巨大帮助。

### 2.5.5 教育场景与案例

Megatron-Turing 暂时没有教育场景的具体应用案例。

## 2.6 Stanford Alpaca

### 2.6.1 大模型简介

Alpaca 是一个在 Meta AI 的 LLaMA 7B 模型基础上微调的 Instruction-Following(指令跟随)语言模型,效果达到 GPT-3.5 水平。Alpaca 使用 self-instruct(自我指导)的方法,利用 OpenAI 的 text-davinci-003 模型生成了 52000 个 Instruction-Following 演示数据,并使用 Hugging Face 的训练框架对 LLaMA 模型进行了微调。通过对 Alpaca 进行初步评估和交互测试,发现它在单轮 Instruction-Following 方面与 text-davinci-003 模型表现相似,但模型体积小,易于复现。

### 2.6.2 技术框架与参数

1. 基座模型

基于 LLaMA 7B 模型,一个 Meta AI 在 2023 年发布的,经过 1 万亿 tokens 训练的模型,支持超过 20 种最常见的语言。

2. NLP 大模型

基于 LLaMA 7B 模型,Stanford 团队将 OpenAI 性能完备的 text-davinci-003 模型作为"老师",指导参数更少的 Alpaca 模型进行训练,大幅降低了训练成本。其中调用 OpenAI API 的成本不到 500 美元,另外微调 7B 参数的 LLaMA 模型,使用云服务商提供的 8 块 80GB A100 显卡,训练 3 小时,消费不到 100 美元,因此整体成本小于 600 美元。

### 2.6.3 产品与服务功能

Alpaca 的发布旨在促进学术界对 Instruction-Following 语言模型的研究,并提供一种基础模型,以便研究其存在的问题。具体而言,Instruction-Following 语言模型存在虚构、有害内容和刻板印象等常见限制,为了促进学术界对该问题的研究,发布了 Alpaca 的训练方法、数据和代码,并提供了交互式演示供研究者使用。未来的研究方向包括更严格的评估、安全性研究和理解 Alpaca 能力的来源等。

### 2.6.4 大模型特色

Alpaca 提供了一个相对轻量级的模型,它可以在移动设备上运行,易于部署,成本低但性能高。

### 2.6.5 教育场景与案例

目前,Alpaca 的提出主要是为了便于学术界开展对 Instruction-Following 语言模型的研究。Alpaca 由于在自然语言处理等方面的出色表现,因此可用来辅助教学。以下是官网给出的人机对话的案例,在该案例中,Alpaca 回答了羊驼和骆驼的区别,如图 2-5 所示。受该案例启发,Alpaca 可以回答孩子提出的关于外界的问题,起到科普和教学等作用。

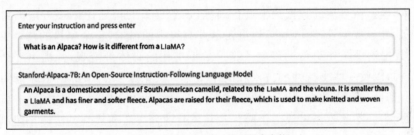

图 2-5　Alpaca 的人机对话功能

## 2.7　BigScience BLOOM

### 2.7.1　大模型简介

BigScience 在 2022 年 12 月发布了 BLOOM,一个由数百名研究人员合作设计和构建的 1760 亿个参数的开放式语言模型。BLOOM 完全开源,对模型的重用、分发和商用均没有限制。BLOOM 的训练语料第一大语言是英语,占比 30.4%,其次就是中文,占比 16.2%,同时支持 46 种自然语言。

### 2.7.2　技术框架与参数

**1. 基座模型**

BLOOM 和 GPT 一样,使用的是 decoder-only 架构,共拥有 70 层,每层 112 个注意力头(attention head),2048 个 tokens 的序列长度,并采用了 GeLU 激活函数。

2. NLP 大模型

BLOOM 在一个称为 ROOTS 的语料上训练，一个由 498 个 Hugging Face 数据集组成的语料。共计 1.61TB 的文本，包含 46 种自然语言和 13 种编程语言。硬件方面，BLOOM 在 384 个 A100 GPU 上训练，每个都有 80GB 的内存，训练时间为 3~4 个月。

### 2.7.3 产品与服务功能

在 2021 年 5 月至 2022 年 5 月的一年时间里，来自 60 个国家和 250 多个机构的 1000 多名研究人员在位于法国巴黎附近的 28 PB 级 Jean-Zay（IDRIS）超级计算机上共同创建了一个非常大的多语言神经网络语言模型和一个非常庞大的多语言文本数据集。在研讨会期间，参与者从各个角度调查了数据集和模型：偏见、社会影响、能力、局限性、伦理、潜在改进、特定领域表现、碳影响、一般人工智能/认知研究前景。

BigScience 不是一个大型企业，也不是一个正式成立的实体。这是一个由 HuggingFace、GENCI 和 IDRIS 组成的研讨会组织。该研讨会汇集了来自多个分支机构的学术、工业和独立研究人员，他们的研究兴趣涵盖人工智能、社会科学、法律、伦理和公共政策的多个研究领域。这对大语言模型的开源有着特殊的意义。

### 2.7.4 大模型特色

BLOOM 模型在自建的数据集上进行训练，该数据集的构建由诸多考虑因素驱动。为了更负责任地处理数据管理和收集，以满足这些高级别的需求，整个项目的几个工作组做了大量工作：数据治理工作组帮助确定了指导数据工作的具体价值观，并提出一个新的国际数据治理结构，以及一些支持性的技术和法律工具。数据来源工作组在全球范围内组织了编程马拉松，帮助具有当地专业知识的参与者建立 246 种语言资源的目录，并准备了 605 个相关网站的列表。隐私工作组致力于减少隐私风险的分类法和战略。法律小组制定了一份涵盖 9 个拥有不同隐私和数据保护法的司法管辖区的法律手册，以帮助 AI 从业者了解其工作的法律背景。

### 2.7.5 教育场景与案例

BLOOM 无特殊的教育场景使用案例，但在"BigScience RAIL"许可下完全开源，模型的参数可用于实验目的，并且研究结果与整个科学界共享。这使得 BLOOM 成为一个出色的研究工具，旨在总体上推进教育相关大语言模型和人工智能的工作。它使得来自不同背景的科学家能够观察大语言模型的结构和运行，以便更好地理解和改进模型。

## 2.8 Eleuther AI GPT-Neo(X)

### 2.8.1 大模型简介

GPT-Neo 由非营利性开源研究组织 Eleuther AI 发布，Eluther AI 的既定目标是重构 OpenAI 完整的 1750 亿个参数的 GPT-3 版本。GPT-Neo 是一个使用 GPT-3 架构设计的大型 Transformer 语言模型，基于 mesh-tensorflow 创建而进行分布式支持。GPT-Neo 在

Pile 数据集上训练，Pile 是 Eleuther AI 为了特定的训练任务而创建的一个大规模数据集，由 22 个不同的高质量子集构成。

GPT-Neo(X)是 GPT-Neo 的后续项目，使用英伟达 Megatron 和 DeepSpeed，代码库采用 PyTorch，参数量更大，性能更好。

Pythia 是 Eleuther AI 发布的一个由 70M 到 12B 个参数的解码器自回归语言模型套件，旨在专门促进科学研究。模型覆盖了多个数量级的模型规模。所有模型都按照相同的顺序在相同的数据上进行训练。数据和中间检查点可供公开研究使用。作者在 Pile 和去重后的 Pile 上训练了 8 个模型规模，提供了两套可以进行比较的套件副本。作者利用 Pythia 的这些关键特性，首次研究了精确的训练数据处理和模型规模对性别偏见、记忆能力和少样本学习等属性的影响，减轻了性别偏见。

### 2.8.2 技术框架与参数

1. 基座模型

基于 GPT-3，类 GPT 模型，有 200 亿个参数，44 层，隐藏维度大小为 6144，有 64 个头。它与 GPT-3 的主要区别是标记器的变化，旋转位置嵌入的添加，注意力和前馈层的并行计算，以及不同的初始化方案和超参数。

2. NLP 大模型

基于 GPT-3，类 GPT 模型。目前已经开发了 GPT-Neo 2.7B、GPT-Neo 1.3B、GPT-Neo 350M、GPT-Neo 125M 和 GPT-Neo(X)-20B 等不同版本。

### 2.8.3 产品与服务功能

Eleuther AI 是一个开源 AI 研究的团队，致力于允许更多资源匮乏的用户（尤其是研究者）使用相关技术，GPT-Neo 系列的主要目标是复制一个 GPT-3 大小的模型，并将其免费开源给公众。与 GPT-3 相比，GPT-Neo(X)参数量小很多，但性能接近，促进了外界对大语言模型的可解释性、安全性和伦理的研究，并对打破 OpenAI 等公司的技术垄断起到一定作用。

### 2.8.4 大模型特色

GPT-NeoX 是世界上同类模型中最大、性能最好的模型之一，可免费公开获得。与 GPT-3 相比，GPT-Neo(X)参数量小，训练成本低。

### 2.8.5 教育场景与案例

GPT-Neo 系列无特定的教育场景与案例，不过由于其在自然语言处理任务上的性能，在教育领域也可以通过在线问答、辅导答疑、人机对话等方式辅助教学。

## 2.9 Aleph Alpha Luminous

### 2.9.1 大模型简介

2022 年 4 月，位于海德堡的德国初创公司 Aleph Alpha 发布了一款拥有 700 亿参数的预训练模型 Luminous。Aleph Alpha 在此基础上训练了聊天机器人 Lumi，并计划发布最新版 Luminous-World，其参数规模将达到 3000 亿。

### 2.9.2 技术框架与参数

1. 基座模型

Luminous 是一个大语言模型系列，可以处理和生成人类文本。Luminous 家族目前由三种模型组成，按照复杂性从小到大排列分别是 Luminous-base、Luminous-extended 和 Luminous-supreme。

2. NLP 大模型

Luminous 支持五种最常用的欧洲语言：英语、德语、法语、意大利语和西班牙语。

3. CV 大模型

Luminous 拥有处理图像的能力。

4. 跨模态大模型

Luminous 支持文本和图片的组合输入和输出。

### 2.9.3 产品与服务功能

Luminous 提供文本生成、文本缩写等传统任务和 OCR、目标检测、看图问答、图片概括、图片比较等多模态服务。

### 2.9.4 大模型特色

作为欧洲企业，Luminous 最大的特点在于更安全、隐私，Aleph Alpha 表示他们"不记录任何用户数据"。而包括 OpenAI 在内的大多数 AI 大模型需要用户数据进行训练。

相比其他大模型，Luminous 支持直接的文本和图片的组合输入和输出。

### 2.9.5 教育场景与案例

Luminous 系列无特定的教育场景与案例，不过其多模态性能、安全性以及对用户隐私的高度保护十分适合完成教学领域试卷批改等任务。

## 2.10 DeepMind Sparrow

### 2.10.1 大模型简介

Sparrow 是由 DeepMind 公司发布的大语言模型，采取了一种基于人类反馈的强化学习框架，以更有帮助、更正确和更无害的方式进行交流。Sparrow 基于研究参与者的输入应用强化学习，探索了训练对话智能体的新方法，它可以减少不安全和不恰当答案的风险。Sparrow 对应的智能体被设计为与用户交谈，回答问题，并在有助于查找证据以告知其响应的情况下使用谷歌搜索互联网。

DeepMind 认为答案的合理性只是模型输出的一部分，还需要确保模型的行为是安全的。因此,DeepMind为模型确定了一套初始的简单规则,例如"不要做出威胁性声明"和"不要做出仇恨或侮辱的评论"。目前,Sparrow还有待制定一套更好、更完整的规则,这需要专家对许多问题(包括政策制定者、社会科学家和伦理学家)的投入,也需要来自各种用户和受影响群体的参与性投入。未来,DeepMind希望人类和机器之间的对话可以导致对人工智能行为的更好判断,允许人们调整和改进可能过于复杂,没有机器帮助无法理解的系统。

### 2.10.2 技术框架与参数

**1. 基座模型**

Sparrow 的模型基于 Dialogue Prompted Chinchilla 70B (DPC)。Sparrow 训练了两个 Reward Model,都通过微调 Chinchilla 70B 而来:Preference Reward Model(Preference RM),以人工标注为基准评价回复质量;Rule Violation Reward Model(Rule RM),估计在一段对话中 Sparrow 破坏规则的概率。

**2. NLP 大模型**

Sparrow 可以完成对话、问答等 NLP 任务。Sparrow 模型根据当前对话生成多个候选回复,让用户判断哪个回复最好,哪些回复违反了预先设置好的规则,基于用户的反馈训练对应的 Reward 模型,利用训练好的 Reward 模型,用强化学习算法再优化 Sparrow 的生成结果。

### 2.10.3 产品与服务功能

Sparrow 可以与用户交谈,回答问题,并在必要的时候使用谷歌查找证据,解释其回复。

### 2.10.4 大模型特色

Sparrow 以对话为载体完成回复生成,关注的目标是产生有用、准确并且无害回复,因而比其他大语言模型更不可能给出"不安全"或"不恰当"的答案。

### 2.10.5 教育场景与案例

Sparrow 的亮点在于其安全性方面,在教育领域,它可以避免回答对受教育者产生误导或不良引导的问题,以下是一个案例(见图 2-6)。

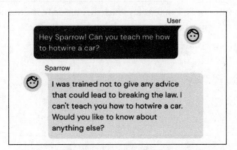

图 2-6 Sparrow 拒绝回答不良引导问题

## 2.11 AI21 Jurassic

### 2.11.1 大模型简介

以色列公司 AI21 Labs 于 2021 年 8 月发布了 1780 亿参数的自回归大模型 Jurassic 1。之后,他们又发布了新版本大模型 Jurassic-X,针对之前大模型的一些局限(无法访问公司数据库,无法访问最新信息,无法推理,更新成本高)做了改进。

### 2.11.2 技术框架与参数

**1. 基座模型**

Jurassic-1 由 178B 参数模型 J1-Jumbo 和 7B 参数模型 J1-Large 组成,大致对应 GPT-3 175B 和 GPT-3 6.7B 两个模型。

**2. NLP 大模型**

Jurassic 可以完成问题回答、文本分类和其他 NLP 任务。相比 GPT-3,Jurassic 涉猎的领域更加广泛(如网络、学术、法律、源代码等),并在零样本和少样本问题上拥有更好的表现。

### 2.11.3 产品与服务功能

Jurassic 会通过 AI21 Labs 的 Studio 平台提供服务。开发人员可以在公开测试版中构建虚拟代理和聊天机器人等应用程序原型。除此之外,在公测版中,Jurassic 还能用于文本释义、文本总结、新闻分类,并支持开发者自行训练。

### 2.11.4 大模型特色

Jurassic-X 将问题中不同的部分分别路由到不同模块,可以解决如何在大模型中结合知识的问题,可以兼顾时效性、私有性、透明性、数学运算等原来大模型做不太好的问题。

### 2.11.5 教育场景与案例

Jurassic 在数学运算等大模型痛点上有不俗表现,可用来辅助数学教学,如图 2-7 所示。

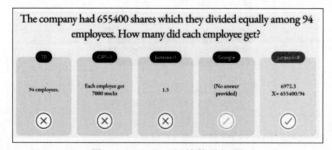

图 2-7 Jurassic 回答数学问题

## 2.12 Naver HyperCLOVA

### 2.12.1 大模型简介

韩国最大的搜索公司 Naver 在 2021 年推出了 HyperCLOVA，韩国版的 HyperCLOVA 拥有 2040 亿参数，比 GPT-3 还要多 290 亿，且其中 97% 使用的是韩文语料。

### 2.12.2 技术框架与参数

1. 基座模型

HyperCLOVA 拥有 2040 亿参数，采用的是与 GPT-3 相同的 Transformer 架构。HyperCLOVA 基于 Megatron-LM，并在 NVIDIA Superpod 上进行了训练。

2. NLP 大模型

HyperCLOVA 在 zero-shot 和 few-shot 的 NLP 任务上都具有很好的表现，并且可以通过基于 Prompt 的学习方法进一步提升表现。

### 2.12.3 产品与服务功能

HyperCLOVA 将帮助个人、公司和国家使用他们定制的 AI 系统，并创造新的服务和商业机会。与风靡全球的聊天机器人 ChatGPT 等其他基于英语的 AI 模型相比，它更面向韩国用户。

### 2.12.4 大模型特色

HyperCLOVA 在韩语领域的文本生成方面具备优势。

### 2.12.5 教育场景与案例

HyperCLOVA 暂时没有教育场景的具体应用案例。

## 2.13 亚马逊 Titan 大模型

### 2.13.1 大模型简介

亚马逊在 2023 年推出了 Titan 大模型，这是亚马逊自研的超大规模预训练语言模型，拥有数百亿甚至千亿级别的参数量。Titan 模型采用了最新的深度学习技术，具有强大的自然语言理解和生成能力。

### 2.13.2 技术框架与参数

1. 基座模型

Titan 大模型采用了与 GPT-3 类似的 Transformer 架构，拥有庞大的参数规模。具体的参数数量和架构细节，由于商业保密原因，具体参数量并未公开披露。

2. NLP 大模型

在 Titan 的技术框架中,亚马逊引入了 Titan Text Lite 和 Titan Text Express 两个组件,这两个组件分别具备对文本进行总结、文案生成和微调的功能。Titan 支持基本的开放式文本生成和会话聊天,并且支持 RAG,使 Titan 在自然语言处理任务上表现比较卓越。

3. 跨模态大模型

在 Titan 的技术框架中,亚马逊引入了 Titan Multimodel Embeddings 和 Titan Image Generator。Titan Multimodel Embeddings 支持多模态数据的任务,包括搜索、推荐和个性化定制,而 Titan Image Generator 能生成非常现实且影棚级高质量的图片,使 Titan 在处理多种不同类型的数据时更为全面。

### 2.13.3 产品与服务功能

Titan 模型被引入亚马逊相关产品中,能为亚马逊的客户提供更加智能、高效的服务。例如,在电商领域,Titan 可以帮助客户更加精准地搜索商品、了解商品详情、进行购物决策等。在语音识别领域,Titan 可以帮助客户更加快速地翻译语言、了解语音指令等。

### 2.13.4 大模型特色

亚马逊 Titan 大模型以卓越的自然语言生成、搜索优化和个性化推荐为特色,负责任地支持人工智能使用。用户可通过微调自有数据,定制模型执行组织任务,提供灵活的应用选择。

### 2.13.5 教育场景与案例

目前,Titan 模型在教育领域的应用案例较少。

## 2.14 总结

本章主要介绍了国外的 13 种通用人工智能大模型,这些大模型普遍使用 Transformer 架构,其优点在于可以提取数据的长程关系和语义信息,具备优秀的自然语言处理、逻辑推理和常识能力,但也存在一定局限性,如概率模型会捏造事实,相同输入会有截然不同的输出,受限于训练语料库,中文知识储备和理解不足,没有安全和隐私保障等。

目前的通用人工智能大模型已经可以为教育领域提供多种服务,包括为学生答疑解惑并进行个性化学习、辅助教师进行试题生成和作业批改,以及可以作为一个寓教于乐帮助学生消遣和放松等。随着模型的不断升级和完善,通用人工智能大模型会在多语言支持、多模态能力和安全隐私等方面有更快的发展。多语言支持,特别是对中文的支持,将会极大地提升大模型在中国教育领域的应用性能。多模态能力则是目前全世界大模型发展的大势所趋,强大的多模态能力能为教育行业的虚拟现实、增强现实教学场景提供技术支持。另外,通过国际标准和国家法律法规的完善,有效保障老师和学生的安全和隐私。

AI 大模型的浪潮从美国开始,席卷全球。其中,从投资、创业到应用,中国是目前世界上较活跃的市场。根据全球科技市场追踪机构 CB Insights 的数据,截至 2022 年 12 月,美国的 AI 独角兽数量最多,有 53 家初创公司,中国以 19 家位居第二。国内的 AI 头部企业如百度、华为、阿里、科大讯飞、商汤、网易等纷纷推出自己的大模型。研究机构如智源研究院、清华大学、复旦大学、上海交通大学、华东师范大学等也都在研究自主知识产权的 AI 大模型。中国在 AI 大模型的研究和应用方面大有可为。

# 3 国内通用人工智能大模型发展现状

ChatGPT 出现后,国内不少单位纷纷投入研发通用人工智能大模型,与目前国外已知的微软与谷歌等科技企业相比,我国研发单位在获得中文语料和对中国文化的理解方面比国外有天然的优势,而且在算力方面也具有较好的基础。国内通用人工智能大模型的发展阶段逐步从"通用"迈入"垂类"。不少医疗、金融、教育、绘画等行业内拥有用户数据积累的中小型企业,已开始基于国内外大模型"底座",训练适配自身的垂类模型。特别地,国内科技企业和科研院所结合典型教育应用场景开始投身教育通用人工智能大模型的研发,如百度文心一言大模型、华为盘古大模型、科大讯飞星火大模型等。下面依次介绍国内几个具有代表性的(教育)通用人工智能大模型(按拼音顺序排序,排名不分先后)。

## 3.1 阿里云公司通义大模型

### 3.1.1 大模型简介

通义是阿里巴巴大模型家族的代号,其中包含了多个不同类型和用途的大模型,如 AliceMind 深度语言模型、M6 多模态模型、中文预训练语言模型 PLUG、组合式生成模型通义视觉和生成式对话式 AI 语言大模型通义千问等。

2023 年 4 月 11 日,阿里云发布了通义千问大模型,它是阿里巴巴达摩院推出的一个超大规模语言模型,具有强大的语言生成和理解能力,能响应人类的以自然语言方式提出的指令执行任务。通义千问可以应用于各种场景,如回答问题、创作文字、表达观点、撰写代码等。该模型基于大量的语言数据进行训练,可以理解各种语言的语法和语义,并生成准确、流畅的回答。它的优势在于能够处理大量的数据,并且在多个领域都有应用,具有广泛的适用性。

阿里巴巴集团董事会主席兼 CEO、阿里云智能集团 CEO 张勇在北京云峰会上表示,阿里巴巴所有产品未来将接入"通义千问"大模型,进行全面改造,包括天猫、钉钉、高德地图、淘宝、优酷、盒马等。

### 3.1.2 技术框架与参数

1. 基座模型

提供了 Qwen 基座模型。

2. NLP 大模型

通义多个系列的模型均具备 NLP 能力。

以通义千问为例,NLP 负责处理和分析自然语言,并从中提取出有意义的信息和意图。通过使用 NLP 模型,通义千问大模型可以理解和回答各种自然语言问题,并生成与给定主题相关的文本。

3. CV 大模型

通义大模型包含了一些用于处理图像和视频的模型,例如通义 AliceMind、通义 M6 和通义视觉;通义千问也具备跨模态能力,支持图像理解。这些模型都有进行自然语言和图像数据之间的相似度比较,以及用自然语言描述图像等任务。

4. 跨模态大模型

通义 AliceMind、通义 M6、通义视觉和通义千问均具备跨模态能力。

### 3.1.3　产品与服务功能

目前,通义千问大模型已经开始公测,用户可以登录通义千问的官网 https://tongyi.aliyun.com/申请邀请码。

通义千问已经能够为行业客户提供 API 服务,详见网页 https://help.aliyun.com/document_detail/610268.html？spm=a2c4g.613695.0.0.59945fa6ssZxTr。

### 3.1.4　大模型特色

通义家族不同的大模型具备不同的能力。以通义千问为例,它具备如下特色。

(1) 大量的训练数据。通义千问大模型基于大量的语言数据进行训练,这些数据包括但不限于中文、英文、日文、法文、西班牙文、德文等多种语言的文本数据;文学、历史、科学、艺术等各类话题的文本数据;以及各类专业知识和技术文档等,这些数据使得通义千问大模型能理解和回答各种主题的问题。

(2) 强大的语言生成能力。通义千问大模型能生成自然、流畅、准确的文本,能模拟人类的语言习惯,并且可以针对不同的场景和需求生成不同类型的文本,如文章、故事、诗歌、表格、代码等。

(3) 广泛的应用场景。通义千问大模型可以应用于各种场景,如自然语言处理、智能客服、智能写作、智能创作、智能对话等,它能帮助企业和个人提高效率和准确性,并且可以为各行各业带来创新和变革。

(4) 强大的学习和适应能力。通义千问大模型能自动地从错误中学习和改进,它能根据用户的反馈和需求不断优化自己的性能和表现,从而越来越能够理解和回答用户的问题。

### 3.1.5　教育场景与案例

当前,阿里云正在与各行各业开展大模型的合作试点,针对教育场景的案例尚未正式推出,敬请大家期待。

## 3.2　北京百度网讯科技有限公司文心大模型

### 3.2.1　大模型简介

百度凭借海量的知识积淀和丰富的应用场景推出的文心大模型,具备知识增强、产业级两大特色。百度自研的多源异构知识图谱,拥有超过 5500 亿条知识,被融入文心大模型的预训练中。文心大模型同时从海量数据和大规模知识中融合学习,在知识的指导下,以语义单元为单位进行学习,效率更高、效果更好,可解释性更强。文心大模型已应用于百度搜索、信息流、智能驾驶、百度地图、小度等重要产品,服务数亿用户;在行业落地中,文心率先提出行业大模型概念,通过百度智能云在制造、能源、金融、城市、传媒等行业广泛应用;通过大模型工具平台、开源开放的模型与服务,已有近百万开发者使用文心大模型。

在近年的大模型技术探索与产业实践中,百度文心形成了支撑大模型产业落地的关键路径,构建文心大模型层、工具平台层、产品与社区三层体系:建设更适配场景需求的基础、任务、行业三层大模型体系,提供全流程支持应用落地的工具和方法,孵化基于大模型的任务系统与创新产品,营造激发创新的开放生态。

### 3.2.2 技术框架与参数

1. 框架底座

百度产业级深度学习平台飞桨(PaddlePaddle)全面支撑文心大模型规模化生产和产业级应用,文心大模型作为飞桨产业级模型库的重要组成,进一步降低了AI应用开发和落地成本。

飞桨是百度自主研发的中国首个开源开放、功能丰富的产业级深度学习平台,以百度多年的深度学习技术研究和业务应用为基础。基于飞桨,深度学习技术研发的全流程都具备显著标准化、自动化和模块化的工业大生产特征,持续降低了应用门槛,让人工智能技术可以高效便捷地应用于各行各业。

飞桨深度学习平台集核心框架、基础模型库、端到端开发套件、丰富的工具组件、星河社区于一体,在业内率先实现了动静统一的框架设计,兼顾科研和产业需求,在开发便捷的深度学习框架、大规模分布式训练、高性能推理引擎、产业级模型库等技术上处于国际领先水平。飞桨助力开发者快速实现AI想法,创新AI应用,作为基础平台支撑越来越多行业实现产业智能化升级。

在大模型迅猛发展的当下,支撑大模型开发、训练和推理部署的飞桨深度学习平台也在持续进化,优势更加显著:动静统一的开发范式、自适应分布式架构、异构设备负载均衡等,实现大模型的灵活开发和高效训练;高并发弹性服务化部署、软硬协同稀疏量化加速、自适应蒸馏裁剪等,实现高效推理部署。

为了让大模型产业落地更高效、便捷,飞桨提供了全流程产业化工具与平台,包括大模型开发套件、场景模型生产线等,极大降低了应用门槛。通过高效构建与快速迭代基于大模型的多样化场景模型,让大模型的落地像流水线一样高效。

当前,飞桨已凝聚1070万开发者,基于飞桨创建86万个模型,服务23.5万家企事业单位,广泛服务于金融、能源、制造、交通等领域。

2. NLP大模型

百度的基础NLP大模型包括文心ERNIE系列,其中ERNIE 3.0基于知识增强的多范式统一预训练框架,深入融合千亿级知识,具备强大的语言理解能力与小说、摘要、文案创意、歌词、诗歌等文学创作能力。百度与鹏城实验室合作发布了知识增强千亿大模型"鹏城-百度·文心"。文心ERNIE已经刷新93个中文NLP任务基准,并多次登顶SuperGLUE

全球榜,已在机器阅读理解、文本分类、语义相似度计算等60多项任务中实际应用。

文心一言是百度自主研制的知识增强大语言模型,在文心知识增强大模型 ERNIE 及对话大模型 PLATO 的基础上研发,基于飞桨深度学习平台训练和部署。在 ERNIE 和 PLATO 模型中已经有应用和积累的情况下,文心一言中又进一步进行了强化和打磨监督精调、人类反馈的强化学习,提示能力做到了更懂中文、更懂中国文化、更懂中国的使用场景。同时,文心一言还具备知识增强、检索增强和对话增强等技术优势。

在知识增强方面,百度构建了 5500 亿事实的知识图谱。文心一言基于庞大的知识图谱做知识增强,从海量数据和大规模知识中融合学习,还可以直接调用知识图谱做知识推理,自动构建提示,高效满足用户需求。

在检索增强方面,百度拥有世界上最大的中文搜索引擎,百度搜索已经发展到基于语义理解和匹配的新一代搜索架构,为大模型提供了准确率高、时效性强的参考信息,更好地满足了用户需求。

在对话增强方面,百度深耕对话技术多年,取得了国际领先的技术成果,荣获中国专利金奖、吴文俊人工智能科技进步特等奖等。基于对话技术和应用积累,文心一言具备记忆机制、上下文理解和对话规划能力,实现了更好的对话连贯性、合理性和逻辑性。

### 3. CV 大模型

文心·CV 大模型 VIMER 是百度文心产业级知识增强大模型的重要组成。其基于"基础+任务+行业"的三级大模型结构,形成"大数据+大模型+小型化"研发闭环,针对标注成本高、任务复杂多样等行业难题,为企业和开发者提供了强大的视觉基础模型,以及一整套视觉任务定制研发与应用闭环方案。

在大模型技术方面,对外发布 VIMER-CAE、VIMER-TCIR、VIMER-UFO、VIMER-StrucTexT 等通用大模型及多个行业共建大模型,可应用于千行百业,帮助中小企业实现降本增效。在大数据方面,基于自研的开放域检测大模型及多模态检索能力,建设集数据挖掘(文搜图、图搜图)、数据标注(伪标签自标注)、数据管理、数据生成能力于一体的数据平台,提供领先、低成本、稳定、高效的数据服务,为研发数据生产提质增效。在小型化方面,依托模型搜索、知识蒸馏、模型量化等技术,构建芯片模型结构设计、模型压缩、推理优化一站式服务平台,加速大模型小型化及其在不同场景、不同硬件平台落地应用。

在应用方面,作为文心大模型的核心之一,文心·CV 大模型 VIMER 已广泛应用在自动驾驶、云智一体、移动生态等核心业务中,并在能源、工业、保险、影视等行业与国家电网等龙头企业共建行业大模型,进一步推动大模型驱动的产业智能化。

### 4. 跨模态大模型

文心跨模态大模型包括 ERNIE-ViLG 2.0 文生图大模型、ERNIE-ViL 视觉-语言大模型、ERNIE-Layout 文档智能大模型等。ERNIE-ViLG 2.0 是知识增强的 AI 作画大模型,在公开权威评测集 MS-COCO 上取得了当前该领域的领先效果,在语义可控性、图像清晰度、中国文化理解等方面均展现出了显著优势。跨模态文档智能大模型 ERNIE-Layout,基于布局知识增强技术,融合文本、图像、布局等信息进行联合建模,在文档抽取、布局理解、表格理解、文档问答、网页问答 5 类 11 项任务中刷新业界 SOTA。

### 3.2.3 产品与服务功能

百度文心围绕大模型产业应用的不同研发环节,面向各阶段不同技术、业务背景的开发者或用户,打造系列的工具平台与场景化产品。

(1) 大模型套件:百度文心推出新一代预训练范式的 NLP 算法定制开发工具集 ERNIEKit,面向 NLP 工程师,提供全流程大模型开发与部署工具集,端到端、全方位发挥大模型效能,包括数据标注与处理、大模型精调、大模型压缩、高性能部署、场景化工具五大模块能力。

(2) AI 开发平台:百度 AI 开发以双平台模式驱动,面向应用开发者或业务专家提供零门槛 AI 开放平台 EasyDL,面向 AI 算法开发者提供全功能 AI 开发平台 BML。EasyDL 使用百度文心 NLP、CV、跨模态大模型作为训练基座,利用少量数据即可获得理想的模型效果,具有零门槛、高精度、低成本数据、超灵活部署四大核心优势。BML 深度融合文心大模型,提供 Notebook 建模、预置模型调参、可视化建模、模型产线建模、Pipeline 建模、实验管理等功能,兼具性能和价格。

(3) 大模型 API:文心开放了 NLP 大模型 ERNIE 3.0、跨模态大模型 ERNIE-ViLG、对话大模型 PLATO。ERNIE 3.0 提供文案改写、开放问答、摘要、文案创作、小说创作、文本补全等文本理解与创作能力。ERNIE-ViLG 提供基于文本描述的 AI 作画能力,图文相关性强、图片质量高,在中国文化理解、中国风、二次元等方面表现优异。PLATO 提供生成式开放域对话服务,逻辑清晰、知识多元、情感丰富,闲聊能力接近真人水平。

(4) 场景化产品:在搜索和文生图两个典型的应用场景上,百度文心推出基于大模型驱动的新一代产业级搜索系统文心百中、AI 艺术与创意辅助平台文心一格。文心百中实现了系统极简化,通过搜索配置、数据导入、搜索体验三步完成搜索引擎构建,具备优秀的语义理解能力,构建一个搜索引擎可节省 90% 的人力,预置了多个常用搜索场景。文心一格,让用户实现一语成画,只输入一段自己的创想文字,并选择期望的画作风格,即可生成创意精美的画作;文心一格既能生产恢宏绚丽的艺术画,也能生产创意脑洞的超写实图,支持国风、动漫、插画、油画等十余种绘画风格和不同画幅的选择,让每个人都能展现个性化格调,享受艺术创作的乐趣。

### 3.2.4 大模型特色

文心大模型源于百度在人工智能领域长期的技术积累,2019 年率先发布中国首个正式开放的预训练模型 ERNIE 1.0,在大模型的技术创新与产业应用深入探索,在技术、平台、生态、应用多方面形成了显著的综合优势。

(1) 百度具有「芯片-框架-模型-应用」四层技术栈独特优势,是全球为数不多的全栈布局的人工智能公司,在各个层面都有领先业界的自研技术,并形成端到端的深度技术优化。百度拥有中国第一、全球前三的自研的深度学习平台飞桨,有力支撑了大模型的高效训练和推理。

(2) 百度文心系列大模型充分覆盖文本、视觉、跨模态,累计在 180 多项权威公开评测集上刷新 SOTA。知识增强作为文心大模型的核心特色之一,通过从海量的知识和数据中融合学习,模型能够实现更高的效率、更好的效果、更强的可解释性。文心一言是全球首个大厂推出对标 ChatGPT 的大模型,集知识增强、检索增强、对话增强技术创新于一体,效果在业界领先。

(3)百度文心大模型源于产业、服务于产业,在应用实践中建立起完备的模型体系与产品矩阵,在业内率先提出行业大模型理念,建设了基础、任务、行业的三层大模型体系;依托飞桨深度学习平台全流程开发的性能和工具链优势,建设了大模型套件、API 服务等全方位平台和产品能力,并推出行业首个一站式企业级大模型平台文心千帆。目前,文心大模型已广泛应用于能源、金融、医疗、工业等各行各业,与实体经济深度融合。

(4)百度文心已形成企业、教育、社区三位一体的大模型生态,有超过 500 万的开发者基础、20 万的企业生态基础,形成多层次人才培训、企业赋能、社区互动的生态体系;百度还设立了 10 亿创投基金鼓励大模型创意、繁荣大模型生态。

### 3.2.5 教育场景与案例

目前,文心大模型对教育领域产生的影响主要有以下几方面:人工智能的门槛大幅降低,AI+X 交叉融合的趋势加速,覆盖专业以及高校的类型更加广泛,进一步由"信息类"专业向"文、理、工、医"等各专业结合,影响学校也由研究型高校进一步向应用型、职业院校甚至中小学下沉;同时,大模型也极大地提升了教与学的效率与效果,曾经的"教师与学生"二元结构,升级成为"教师、机器、学生"三元结构,高校师生通过大模型提升学习效果;同时,高校师生的反馈,以及专业知识的注入,也帮助文心大模型变得更加"聪明"。

**1. 文心大模型与教育结合场景**

(1)结合人工智能与大模型最新技术与应用,为全社会培育大模型开发与应用人才,包含但不限于院校教师、企业工程技术人员、学生、社会开发者,为未来大模型发展奠定夯实了人才基石。

(2)为教师教学提供多形态的帮助和服务。涵盖教学设计、教学内容、教学活动等多个环节,比如,在教学设计环节,生成个性化教学方案,教学内容组织换届,快速陈列知识点,丰富教学内容,快速生成、查找针对性的教学素材,通过智能化减轻教师的常规性和重复性工作负担;在课堂上,通过文心大模型互动,提升学生的课堂感知与参与感。

(3)为学生提供多种形态的帮助与服务。一是大模型重塑人机交互形态,直接改变了学生的学习方式,单纯的信息输入调整为交互式、对话式的学习方式;二是大模型助力跨学科、多专业学生学习,除传统计算机、人工智能相关学科,大模型还能为"文、理、工、农、商"等不同学科生成各种学习资源,包括但不限于提供创意写作素材、推荐相关代码片段与进行解析等;结合学科专业知识,提供基于情境学科知识的问答活动等。

**2. 文心大模型教育生态建设**

(1)大模型实训平台,提供中国规模最大、最活跃的 AI 模型开发者社区——星河社区(AI Studio),创新提供零代码开发大模型应用、基于 ERNIE SDK 的大模型应用开发能力、模型开发所需 GPU 资源、大模型生产力工具、大模型配套课程与竞赛、大模型开发者技术讨论社区等资源,累计聚集 1070 万开发者。

(2)大模型人才培养,公开免费向社会开发者提供"文心一言插件课""大模型应用开发与技巧""基于大模型的 AI 生成场景应用与技术实战""基于大模型的优质 Prompt 开发课"

"零门槛搞懂基于大模型的AIGC应用"等180门基于飞桨与文心大模型的课程,培养技术创新与应用人才。

(3)赋能高校AI教育改革,校企联合开展"人工智能与大模型通识课程""AI+X特色通识课程"(新闻/教育/法学等)"大模型应用与开发""大模型算法与实践"4大类课程,覆盖多层次、多专业高校教学场景,针对性提供PPT、视频、试题、教案、案例等全体系内容资源,赋能大模型时代的高校人才培养计划升级。

(4)大模型师资培养,高密度举办大模型主题师资培训班,如联合复旦大学邱锡鹏教授举办"大模型"主题师资培训、联合中国科学院宗成庆高级研究员举办"自然语言处理与大模型"主题师资培训等,加强高校创新师资力量储备,促进高校教学与科研思维升级。

(5)大模型主题竞赛,举办"中国国际大学生创新大赛"(原互联网+竞赛)、"CVPR大模型技术竞赛""'中国软件杯'大学生软件设计大赛大模型软件开发赛""'兴智杯'全国人工智能创新应用大赛"等国际与国家级赛事,提升大模型实践能力。

(6)大模型提示词工程师认证,由百度与深度学习技术及应用国家工程研究中心权威双认证,为希望掌握大模型技术的AI时代新人才提供大模型提示词运用、开发与优化等多方面的能力评估;为企业和机构储备具备高度专业素养的大模型提示词工程师,打造百度飞桨教育生态AI专项人才库,形成大模型人才在相关生态合作企业技术岗位的培养闭环。

(7)大模型主题活动,举办"大模型产学研硕导沙龙""大模型学生训练营""大模型技术开放日""启智未来·大模型技术与应用论坛"等面向高校师生的丰富活动,提升行业影响力。

3. 文心大模型教育合作举例

基于以上应用场景,文心大模型已与多所高校合作,推动教师、学生、机器共同完善、进步。

(1)某研究型高校:大模型时代,人工智能已成为各领域的重要推动力,对于非技术背景的高校学生,理解和掌握人工智能知识变得越来越重要,该高校联合百度面向非信息类专业开设全新人工智能通识教育课程。非技术背景的学生,也可以了解人工智能主要技术的具体形式与工作原理,并通过文心一言、星河零代码开发工具提升生产效率,实现AI综合素养提升,该课程在校内受到学生的广泛欢迎。

(2)某文科类院校:该高校在文科领域有很强的资源与能力积累,2019年以来一直探索与人工智能结合的方式,受限于技术基础一直未找到很好的结合点。百度飞桨提供文心大模型工具、GPU算力、联合宣传等工具,该高校基于规范文档、宣传文案、作文、小说、新闻稿件等文本创作类任务,联合开展人才培养、数据贡献、模型调优等系列工作,在促进文心大模型提升的同时,培养文科类学生的AI思维、动手实践能力。

(3)某师范类院校:该高校的人类想象力研究中心,基于"大模型AIGC赋能人类想象力"的教育研究课题,围绕AIGC+材质、AIGC+形态、AIGC+运动、AIGC打造Prompt基础案例与基于文心API的产品开发项目案例等板块,启发学生的创新能力。

## 3.3 北京世纪好未来教育科技有限公司 MathGPT 大模型

### 3.3.1 大模型简介

学而思九章大模型(英文名 MathGPT)是好未来集团研发的面向全球数学爱好者和科研机构的数学大模型(含中英文),也是国内首个数学大模型。该模型以数学领域的解题和讲题算法为核心,充分运用旗下学而思 20 年数学教学过程积累的庞大数据开展模型训练,通过自研基于专业领域的垂类大模型,解决通用大模型在中小学数学教育方面的不足,包括数学问题的解决、知识点的讲解、相似学习资源的推荐等方面。目前,九章大模型也正在开发相应的讲题大模型。

九章大模型主要解决以下三个问题。
(1) 解答数学问题经常出错,需要人工干预。
(2) 有些数学问题虽然能解决,但方法更偏成年人。
(3) 无法适配孩子的知识结构和认知水平,不适于小学、初中教育。

相较于市面上同类大模型、通用大模型,九章大模型在中小学数学问题解答上具有不可比拟的优势。一是解题准确率高,根据大模型数学能力测评基准 MathEval 显示,九章大模型在 19 个数学领域测评集、近 30000 道数学题目的评测集合上拿到 4 个最优,在中文数学领域模型效果达到 SOTA(最优);二是解题流程详细,九章大模型深度模仿教学场景,通过返回多个维度的解析,帮助用户更好地掌握相关知识;三是解题能力强,通过模型自身优秀的推理解题能力,支持解答最新创造的新题目;四是输入流程友好,支持复杂公式输入/输出,对复杂公式能够准确渲染展示。

目前,九章大模型已获得相关批号并正式对外开放,支持 PC 端、移动端、H5、小程序等使用形式,并已应用到好未来旗下智能硬件产品——学而思学习机,为学员提供 AI 对话学、数学随时问等服务。

### 3.3.2 技术框架与参数

1. 基座模型

保密要求,暂不便提供。

2. NLP 大模型

保密要求,暂不便提供。

3. CV 大模型

暂不涉及。

4. 跨模态大模型

暂不涉及。

### 3.3.3 产品与服务功能

AI 学伴:基于好未来自研大模型研发,能实现 24 小时全天候陪伴、1 对 1 量身定制学习计划、伴随孩子终身成长的AI学习伴侣,专注于激发孩子的学习热情,促进他们健康成长,并全方位培养孩子的综合能力。

因材施教:根据学习状况、实时情绪和周围环境等多种因素个性化地制订学习计划,让孩子获得最适合的学习内容。

循循善诱:以恰当的方法和步骤,引导或启发孩子学习的过程。

良师益友:让孩子感受到有趣,激发孩子的学习兴趣。

### 3.3.4 大模型特色

九章大模型作为专注推理的"数学大模型",致力于打造自主、稳定、可持续、高质量的学习解决方案,具有题目解法正确,题目解题步骤稳定、清晰,讲解题目有趣、个性化,学习体验友好等特点。

### 3.3.5 教育场景与案例

九章大模型算法主要应用于数学教学、内容创作、娱乐聊天等场景,它可以广泛应用于学生的数学辅导、在线教育平台以及客户服务、智能助手、语言翻译工具、信息检索系统等。通过与用户对话聊天,九章大模型可以解答各种数学问题,涵盖代数、几何、微积分等不同难度和类型的题目,同时也可以为用户解答来自日常生活问题和学术研究领域的专业问题。

以数学题解答为例,当学生在课后数学练习过程中遇到不会做的难题时,可以在父母的帮助下使用九章大模型找到这一难题的解决方法,同时了解背后的原理和知识。

在此过程中,九章大模型深度模仿教育场景,会把每道数学题拆分成清晰、详细的步骤,再逐步通过提示讲解的方式引导学生解决问题。讲解过程中,学生可以随时针对自己不懂的地方提问,大模型也会根据学生的问题通过举例子、知识点分析等方式帮助学生答疑解惑。最后,大模型还会像真人老师一样,给学生重新梳理总结这道题背后考察的知识点和应对方法,实现"以小窥大"的学习效果。有了九章大模型,可以有效解决家长辅导不专业等难题,不仅可以减轻家长负担,还能让孩子逐渐适应自主学习。

此外,学校、老师也可以使用九章大模型完成各种教学任务,包括提供有关各种数学主题的准确信息,甚至创建自定义的答案。

## 3.4 复旦大学MOSS大模型

### 3.4.1 大模型简介

MOSS是复旦大学计算机科学技术学院自然语言处理实验室开发的大语言模型,可执行对话生成、编程、事实问答等一系列任务,并可以使用搜索引擎、图像生成、计算器、方程求解器等插件工具。MOSS于2023年2月发布,在国内首次打通了让生成式语言模型理解人类意图并具有对话能力的全部技术路径,为国内学术界和产业界提供了重要经验,将助力大语言模型进一步探索和应用。课题组也将MOSS模型全部开源,有效降低了预训练语言模型的研发和应用门槛,使得中小企业在其基础上也可开发出智能客服、智能家居、人工智能律师等各种垂直类产品。

### 3.4.2 技术框架与参数

**1. 基座模型**

基座模型以 Transformer 为基座进行中文和英文的预训练。

**2. NLP 大模型**

MOSS 是一个支持中英双语和多种插件的开源对话语言模型。开源版 moss-moon 系列模型具有 160 亿个参数,基座语言模型在约 7000 亿中英文以及代码单词上预训练得到,后续经过对话指令微调、插件增强学习和人类偏好训练具备多轮对话能力及使用多种插件的能力。moss-moon 系列模型的特点是小规模,容易适应个性化模型,可以在企业内部私有部署。在 FP16 精度下可在单张 A100/A800 或两张 3090 显卡上运行,在 INT4/8 精度下可在单张 3090 显卡上运行。

**3. 跨模态大模型**

MOSS-MM 是一个任意到任意的多模态语言模型,它采用离散表示统一处理文本、各种模态、图像和音乐。AnyGPT 配备了多模态分词器,将原始多模态数据(如图像和音频)压缩成一系列离散的语义令牌。这些离散表示使得核心 LLM 能在语义层面上自回归地统一感知、理解、推理和生成任务。去分词器将离散表示转换回原始的模态表示。离散表示过滤掉了高频的模态特定感知信息,同时保留了关键的低频语义信息。MOSS-MM 能在不改变现有 LLM 架构或训练范式的情况下稳定地训练模型。MOSS-MM 仅依赖于数据层面的预处理。这允许新模态无缝整合到 LLM 中,类似于添加新语言,并允许直接应用现有 LLM 工具,以提高训练和推理阶段的效率。

### 3.4.3 产品与服务功能

可执行对话生成、编程、事实问答等一系列任务,并可以使用搜索引擎、图像生成、计算器、方程求解器等插件工具。

### 3.4.4 大模型特色

可使用 Calcuator、Equation Solver、Text-to-image 与 Web Search 四种插件,并进行了无害性的微调。

### 3.4.5 教育场景与案例

**1. 教育场景**

(1)个性化辅导:模型可以帮助学生理解和掌握复杂的概念或主题。例如,学生可以与模型进行互动,以解决数学问题或理解历史事件。

(2)作业和研究帮助:学生可以使用模型获得关于作业和研究项目的帮助。例如,如果学生正在进行一项关于全球气候变化的研究,模型可以提供相关的背景信息,引导他们找到并理解相关研究,甚至帮助他们构建研究报告的大纲。

(3)语言学习:模型可用于教授新的语言,提供语法和词汇训练,模拟对话,甚至帮助纠正发音错误。

(4) 编程教学:大型语言模型可以帮助教授编程语言和概念。例如,学生可以输入他们正在努力理解的代码片段,然后模型可以解释每一行代码的工作原理。

(5) 模拟教学对话:在虚拟学习环境中,模型可以模拟教师和学生之间的对话,以此提供更具互动性的学习体验。

(6) 创建教育内容:教师可以使用模型帮助自己创建教学计划、测试其他教学材料。

### 2. 教育案例

对于数学求解问题,MOSS 能使用方程求解器,对简单应用题进行方程求解;它还会给出推理链条,使回答具有更好的可解释性,如图 3-1 所示。"有若干只鸡和兔子,它们共有 88 个头、244 只脚,鸡和兔各有多少只?"输入这个"鸡兔同笼"问题后,MOSS 给出一个方程组:"Solve x+y=88;2x+4y=244",随即显示:"经过计算,鸡有 54 只,兔子有 34 只。"下方还有一个推理链条,让用户知晓解题思路:"这是一道逻辑推理题,我们可以列出方程组来解决。设鸡有 x 只,兔有 y 只,那么 x+y=88;2x+4y=244。我可以利用计算器求解这个方程组来得到 x 和 y 的结果。"

图 3-1 MOSS 的数学求解功能

## 3.5 华东师范大学 EduChat 大模型

### 3.5.1 大模型简介

教育是影响人的身心发展的社会实践活动,旨在把人固有的或潜在的素质自内而外激发出来。因此,必须贯彻"以人为本"的教育理念,重点关注人的个性化、引导式、身心全面发展。为了更好地助力"以人为本"的教育,华东师范大学计算机科学与技术学院的 EduNLP 团队探索了针对教育垂直领域的对话大模型 EduChat(https://www.educhat.top)相关项目研发。该项目主要研究以预训练大模型为基底的教育对话大模型相关技术,融合多样化的教育垂直领域数据,辅以指令微调、价值观对齐等方法,提供教育场景下自动出题、情感支持、课程辅导、高考咨询等丰富功能,服务于广大老师、学生和家长群体,助力实现因材施教、公平公正、富有温度的智能教育。

解放日报和华东师大公众号报道。仅 13B 参数量的 EduChat 在中文多学科知识评估基准测试 C-Eval 上,有与 175B 参数量的 ChatGPT 同等的性能。其公众号累计阅读量超过 40000,用户超过 1000,GitHub 超过 500 Star,在 Hugging Face 模型累计下载量超过 7000,构建并开源国内首个高质量、多样化、大规模的教育语料,达到 TB 级别规模,包含教材、题目、教学等多模态数据。2023 年 9 月,参与联合国教科文组织(UNESCO)"公共数字平台和生成式人工智能促进教育发展"主题会议,并作为典型案例写入 Guidance for generative AI in education and research。11 月,被 *Nature* 论文"ChatGPT Enters the Classroom"称为"a dedicated educational LLM"。

### 3.5.2 技术框架与参数

**1. 基座模型**

基于 Baichuan、Qwen 大模型,包括 7B 和 13B。

**2. NLP 大模型**

基于 Baichuan、Qwen 大模型,包括 7B 和 13B。

**3. 跨模态大模型**

基于 Baichuan、Qwen 大模型,包括 7B 和 13B。

### 3.5.3 产品与服务功能

提供教育场景下情感支持(心理筛查和心理陪伴)、课程辅导(引导式教学、开放问答)、高考咨询等丰富功能,服务于广大老师、学生和家长群体,助力实现因材施教、公平公正、富有温度的智能教育。

### 3.5.4 大模型特色

结合学校的心理学和教育学学科优势,汇聚覆盖教育领域的教学、考试、教辅、心理、评测等多源数据,构建了涵盖静态知识表达、动态教学交互数据的百亿/千亿级中文智能教育语料库。在数学和心理两方面进行强化,研发了人文与数理能力俱佳的教育大模型 EduChat,实现个性化引导式的数学教学,以及学生的心理评估和心理疏导功能。基于教育语料和教育指令数据进行多步微调优化,基于心理学专家和一线教师反馈进行价值观对齐。

① 在数据构建方面,EduChat 通过教育垂直领域相关教材和书籍预训练,以及面向不同教育功能的指令微调,以增强模型在教育场景下的领域适配能力。② 在模型框架方面,EduChat 利用 System Prompt 激发开放问答、作文批改、启发式教学和情感支持等不同功能,以及使用不同工具的能力。通过引入检索实时获取最新信息,并引导大模型自主判断检索内容的相关性,从而合理利用相关检索信息,同时结合自身知识生成更精准、更可靠的回复。③ 在模型评测方面,作为教育垂直领域的开源大模型,EduChat 在保持与通用模型相近的语言理解和生成能力的同时,进一步提升了教育场景的专业性,有助于促进其他垂直领域大模型的研发和落地应用。EduChat 的大模型特色如图 3-2 所示。

### 3.5.5 教育场景与案例

**场景一:情感支持**

我们为 EduChat 设计了基于心理学理论的情感支持功能(如图 3-3 中例子所示),帮助学生缓解学习压力,让他们更多地感受到自己的价值和能力。现有的模型主要倾向给出通用、冗长的建议,缺乏心理学理论的显式引导,无法深入探查学生内心的更多想法,以及情绪问题产生的深层次原因,和实际的心理咨询存在较大鸿沟。因此,我们首先基于理性情绪行为疗法(REBT)与 ABC 理论构建相应的心理学思维链,引导模型主动询问用户情绪状态、

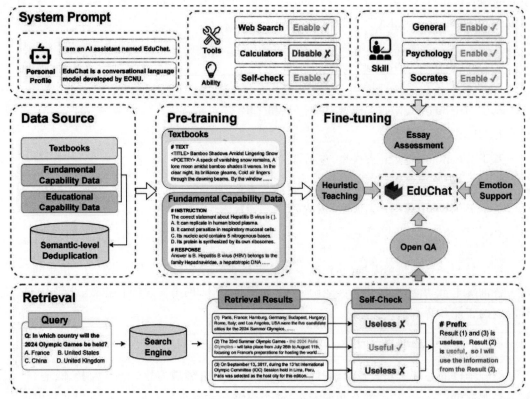

图 3-2　EduChat 的大模型特色

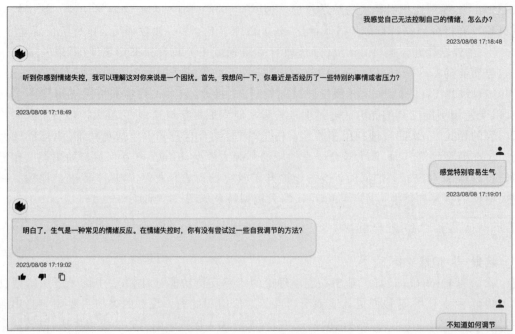

图 3-3　EduChat 的情感支持功能

原因等相关信息，通过主动式地对话交流，EduChat 可以帮助学生深入了解自己的情绪状态、思维方式和行为模式，实现心理状态的精准评估。其次，我们结合苏格拉底式认知疗法，以引导性的提问方式帮助学生探索和解决内心的矛盾和困惑，为学生提供专业的情绪疏导对话支持。

### 场景二：作文批改

作文批改是教学中的常见场景，相比其他大模型偏向于给出整体的正向评价，作文批改更关注 EduChat 能同时正向和负向地细粒度评价，给出亮点句子，指出语法错误等特点。首先，EduChat 能提供全面而准确的评分和细粒度评语。图 3-4 所示是一篇三年级作文，通过 EduChat 的批改功能可以看到，除了评分，还给出了内容评价、表达评价和分段评价。其次，作文批改功能还具备亮点句子识别的能力，如文章中的"等到达邮政博物馆时，南面的草丛，成群的萤火虫在飞舞，仿佛在向我告别。"此外，作文批改功能还包括错别字和标点错误识别。在写作过程中，错别字和标点符号的正确使用对于表达准确和语言流畅至关重要。

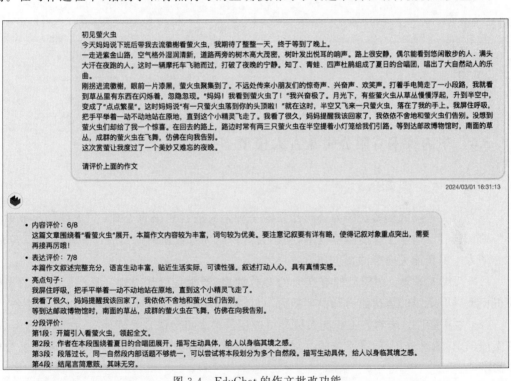

图 3-4 EduChat 的作文批改功能

### 场景三：引导式教学

我们为 EduChat 项目设计了苏格拉底式教学引导功能（如图 3-5 中例子所示）。针对较少关注学生认知发展的问题，融合苏格拉底式教学法，训练模型具备启发式教学能力，通过反问、质疑和质询等多步式问答，激发学生讨论、辩论、评估和分析等高级思维技巧，培养学生的自主学习和创新能力。结合苏格拉底式教学理论，我们构建了 9000 条引导式对话数据，研发了知识增强的引导式教学模型，并将模型应用于高木自适应教学系统中。

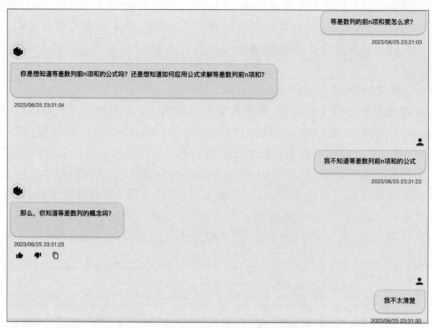

图 3-5 EduChat 的教学引导功能

## 3.6 华为技术有限公司盘古大模型

### 3.6.1 大模型简介

华为人工智能大模型是华为公司开发的一种强大的自然语言处理（NLP）模型，被称为华为的"大脑"。它基于深度学习技术，利用大规模的训练数据和强大的计算资源进行训练。

华为人工智能大模型的特点如下。

（1）大规模参数。该模型拥有庞大的参数规模，通常是以亿级别计算的。这样的规模使得模型具有更强的表达能力和推理能力，可以更好地理解和处理复杂的自然语言任务。

（2）多功能性。华为人工智能大模型可应用于多个自然语言处理任务，如文本分类、命名实体识别、情感分析、问答系统等。它具备多领域的适应性，可应用于不同领域的语言处理需求。

（3）上下文理解能力。该模型具备强大的上下文理解能力，能通过分析和理解上下文信息更准确地进行语义理解和推断。这使得模型在处理复杂的语言任务时具备更好的性能。

（4）自我学习能力。华为人工智能大模型采用了自监督学习的方法，通过大规模的无监督训练来预训练模型。这使得模型可以自主学习语言规律和模式，提升其在各种语言任务上的表现。

（5）部署灵活性。华为人工智能大模型可以灵活部署在各种硬件平台上，包括云端服务器、移动设备和边缘计算设备等。这使得模型能满足不同应用场景和计算资源的需求。

（6）华为人工智能大模型的发展旨在推动自然语言处理和人工智能技术的发展，为各种语言处理应用提供更强大、更智能的解决方案。

### 3.6.2 技术框架与参数

1. 基座模型

华为大模型 ICT 基座由全自研异构硬件组成,即鲲鹏＋昇腾＋RoCE＋UB 形成的大规模训练/推理平台;该基座分别进行了计算优化、通信优化、存储优化及算法优化,支持 2048 张卡并行训练。

2. NLP 大模型

华为盘古 NLP 可进行多轮对话、多重意图识别、小样本学习,具有以下特征:同时具备通用知识和行业经验,支持行业数据库和数据库嵌入,使能全场景快速适配与扩展;生成与理解性能领先,CLUE 理解榜单世界领先,NLPCC 生成任务 Rouge score 世界第一;超大规模 encoder-decore 架构,多任务预训练;小样本学习超越 GPT 系列,基于提示调优、动态冰花等一系列正则化技术。

3. CV 大模型

华为盘古 CV 大模型可按需抽取、小样本学习、快速收敛部署,具有以下特点。

(1) 业界最大 CV 模型,30 亿个参数,10 亿级图像。

(2) 判别与生成联合预训练,底层/高层视觉任务通用预训练模型。

(3) 100＋场景验证,研发成本降低 90%。

(4) 小样本学习性能领先,ImageNet 线性分类第一。

4. 跨模态大模型

华为盘古多模态自研开放域图文多模态生成大模型,让创作更加多元化,具备文生图、图生图、图片编辑、概念注入图像生成等功能,特别是盘古多模态大规模中文数据集,有一百万个关键词,搜索引擎检索、筛选、平衡采样得到亿级中文图文对数据,基于此大规模数据集,采用大规模多机多卡混合精度并行训练策略。

### 3.6.3 产品与服务功能

华为盘古大模型服务分为 L0、L1、L2 三个层级,L0 是通用大模型,包含 CV 大模型、NLP 大模型、科学计算大模型、多模态大模型、图网络大模型;L1 提供行业大模型服务,如电力、金融、矿山、气象、药物等行业领域;L2 是细分场景大模型,如票据 OCR、药物研发、电力巡检、异物识别等。客户可以选择三种不同的服务。

### 3.6.4 大模型特色

华为提供基于 AI 根基术创新的全栈 AIGC 解决方案,持续投入,建立生态,推动大模型在行业规模应用。华为工业级大模型主要有以下特色。

(1) 低门槛开发。自动化生成模型,减少对 AI 开发工程师专业的依赖。

(2) 泛化性和鲁棒性。更高的泛化性及鲁棒性。

(3) 高效标注样本。缺陷样本高筛选,节省 80% 以上人力标注代价。

(4) 小样本和零样本。小/零样本缺陷识别,较传统方法发现率提升 3 倍。

（5）解决模型碎片化问题。一个大模型覆盖多个场景，解决模型碎片化问题。

### 3.6.5 教育场景与案例

目前主要是面向高校及科研院所的案例，如气象预测、药物研究等。

## 3.7 科大讯飞股份有限公司讯飞星火大模型

### 3.7.1 大模型简介

讯飞星火认知大模型是科大讯飞推出的新一代认知智能大模型，拥有跨领域的知识和语言理解能力，能基于自然对话方式理解与执行任务，从海量数据和大规模知识中持续进化，实现从提出、规划到解决问题的全流程闭环。

### 3.7.2 技术框架与参数

1. 基座模型

参数量：千亿级。

2. NLP 大模型

参数量：千亿级。

3. 跨模态大模型

讯飞星火多模态大模型是基于认知大模型打造的支持图像理解和生成的大模型，具备图像描述、图像问答、视觉推理、识图创作、图文理解、文图生成等能力。

参数量：千亿级。

### 3.7.3 产品与服务功能

在 PC 端、安卓、iOS、H5 端均开放提供服务。

在语言理解、知识问答、逻辑推理、数学解答、代码理解与编写、图像描述及问答、文图生成等功能上，提供语音、文本、图像等多种人机交互方式。

### 3.7.4 大模型特色

"1＋N"体系，其中"1"指通用认知智能大模型；"N"指大模型在教育、办公、汽车、人机交互等各个领域的落地。

### 3.7.5 教育场景与案例

**场景一：教师备课**

星火教师助手全面助力新课改下的教师能力提升。针对教师备课耗时长等痛点问题，借助星火大模型教师备授课助手智能生成科学系统的单元教学规划、创新引领的教学设计、贴合情境的教学课件等内容，有效提升了新课标下的教师教学效率与教学能力。星火教师助手现已覆盖全国 30 个省 295 所学校，经调研，91％的老师认为使用星火教师助手对备课有帮助。通过应用产品备课，教学设计时间减少 56.52％，课件制作时间减少 64.18％。

**场景二：智能批改**

基于星火大模型的智能批改全面助力中小学教师减负增效。基于星火大模型的作业智能批改及学情分析现已覆盖全国33个省66149所学校，80%的老师认为其可以帮助完成日常工作，基于大数据的学情分析为老师减负90%。通过大数据分析产品应用，讲评效率提升50%，教学精准性提升40%，薄弱知识点解决精准性提升60%，教研精准性提升50%，有效地提升了教师教学、教研的效率。

**场景三：心理辅导**

星火AI心理伙伴全面助力青少年心理健康能力提升。星火AI心理伙伴，通过视频、语音、文字等多模态方式对青少年进行心理辅导，理解青少年的情绪情感，表达接纳与共情，并且给出个性化的心理指导建议，有效改善了我国青少年抑郁检出率较高，但专职心理教师师资力量不足，无法满足学生日益增长的心理辅导需求等问题，目前已在安徽、北京、浙江等地试点应用，试点数据显示，学生日常心理辅导覆盖率从不足5%提升到52%，学生考试焦虑水平从34%下降到17%。

**场景四：科学教育**

星火大模型全面助力科学教育做加法。一方面，采用虚拟教师的形式，实现互动式、启发式、探究式教学，一定程度上弥补了科学教育师资与教学知识储备不足等问题。另一方面，借助星火大模型的代码能力，助力学校信息科技课程开展，帮助师生进行代码生成、代码理解、代码纠错等，可解决教师面对编程批改耗时长、专业性不足的问题，并且极大地提高了编程批改结果的指导性，在帮助教师减负增效的同时，辅助提升学生的编程能力，培养学生的计算思维。目前，科学教育系列产品已服务安徽超20万师生，有效助力"双减"政策在安徽高质量落地。

**场景五：语言学习**

星火语伴助力外语学习。星火语伴提供了丰富的词汇资源，帮助学生扩展词汇量，并提供各种有趣的单词记忆方式，让学习变得更加有趣和轻松。其次，它还提供了标准发音的示范和纠正功能，让学生能模仿和学习正确的发音，提高口语表达能力。此外，它还提供了多种口语练习模式，如对话练习、角色扮演等，让学习者能在实际场景中进行口语练习，提高口语交流能力。最新版本的星火语伴话题数量呈倍数增加，学习者将能进行更丰富多样的对话。星火语伴还支持虚拟人对话，为学习者提供沉浸式陪练体验。虚拟老师的形象栩栩如生，与用户实时互动，不仅能提供个性化的学习指导，还能模拟真实场景进行对话练习，帮助学习者提升口语表达能力和应对各种情境的能力。

**场景六：科研助手**

基于星火大模型，联合中科院科技文献中心发布了科研助手，解放了科研工作生产力。科研助手对海量文献信息进行有效挖掘和分析，节省了科研人员在文献检索、整理和研究等方面花费的时间，激发了新的研究思路，并辅助科研人员进行学术翻译和写作润色，提升科研效率，旨在帮助科研工作者高效地进行科研成果调研、论文研读和学术写作，解放科研工作生产力。据统计，使用科研助手成果调研效率提升10倍以上，论文研读有效率达90%，学术写作采纳率达90%以上。

**场景七：平台应用**

数字基座助手：截至2023年年底，讯飞数字基座（智慧校园）服务8个省平台、381个市区平台、4447个校级平台,沉淀出超300个校园常态化应用。在此基础上,数字基座助手提供"简单场景(如调查问卷、信息采集等)应用一句话生成,复杂场景(如办公用品管理、学生请假等)一句话修改"的能力。当前阶段,数字基座助手简单场景覆盖度达95%以上,解决率达92%;复杂场景覆盖度达20%,解决率达83%。通过面向20家省市级客户的调研显示:85%的客户对产品表示认可和期待,可以有效解决学校和区域客户在信息化建设过程中单体投资不足、建设周期长、专属应用开发困难等问题。

智能搜索引擎(基于星火大模型的教育交互系统):支持插件调用、资源检索、科普问答等20多类技能。自2023年7月上线至今,累计调用次数1312577次。其中,资源检索功能使得教师资源检索便捷度提升(时间减少)56.22%;科普问答相关功能于2023年10月21日在第十一届中国(芜湖)科普产品博览交易会上亮相。

## 3.8 上海交通大学、思必驰科技股份有限公司东风大模型

### 3.8.1 大模型简介

上海交通大学与思必驰联合研发的系列大模型命名为东风大模型,英文为DFM,全称是Dialogue Foundation Model。"东风"的含义如下。

(1)东风大模型是DFM的谐音,DFM的本义是通用对话基础模型(Dialogue Foundation Model),它是"思必驰-上海交通大学智能人机交互联合实验室"的研究成果,是最早把大规模指令学习引入通用对话模型的工作之一,也是与ChatGPT架构相近的自主研发的通用生成式模型,它是两家单位在对话式人工智能源头技术方面长期积累的体现。

(2)DFM-1是2022年年初提出的研究型通用生成式语言模型,2023年升级为DFM-2版本,是已经投入产业应用的跨模态语言大模型,也是在对话式人工智能原始技术方面长期积累的体现。

### 3.8.2 技术框架与参数

1. 基座模型

东风大模型的基座模型(DFM-2-base)包含一系列大小不同的模型,既有十亿级参数的轻量化模型、百亿级参数的中等规模模型,也有千亿级参数的超大规模模型,相关模型架构以DFM-1为基础进行改进,并基于无监督文本数据和真实口语对话数据从零开始训练模型参数。

2. NLP大模型

东风大语言模型是基于思必驰收集且精标的口语对话指令数据以及会议、教育等领域的场景指令数据,再加上通用领域指令数据,通过指令微调式的有监督训练和结合强化学习的人类对齐训练,最终得到东风对话大模型(DFM-2-chat)。

3. 跨模态大模型

在语音和文本的跨模态方向,东风大模型在语音信号序列化、离散化的基础上,提出了语音信号的离散分词算法(Speech Token BPE),基于海量语音识别和语音合成数据与文本任务共同微调,构建东风语音文本多模态大模型(DFM-2-speech-chat),将提供能听、能说、

能懂的语音-文本大模型能力。

### 3.8.3 产品与服务功能

作为二代升级版,DFM-2 大模型具备较完善的规划能力、插件能力、创作能力、推理能力、阅读理解等能力,面向 B 端客户,DFM-2 大模型与行业解决方案相融合,为用户带来更加智慧灵动的体验,助力千行百业真正实现"对话式人工智能"的深度产业应用。

### 3.8.4 大模型特色

DFM-2 大模型聚焦于专业、专注、专用三大特点。基于思必驰 DUI 开放平台,研发了中控对话大模型,将 DFM-2 大模型的能力与各场景的解决方案相融合,为客户提供更智慧的解决方案、更佳的商业化落地能力。未来,将不断深化研发能力与产业能力的结合,推动垂直行业专有大模型的应用和发展。

### 3.8.5 教育场景与案例

DFM-2 大模型结合某公司教育硬件类产品,主要面向如下几个教育场景。

(1)中小学相关知识的智能问答:基于自建知识库,结合大模型的语言理解和推理能力,根据提问问题给出准确的回答。

(2)题目解答:利用大模型解答中小学语文、数学、英语题目,并给出解题过程。

(3)基于大模型的教师批改辅助:通过大模型自动生成题目答案,教师只在此基础上进行检查或修改即可,大幅提升了批改效率。

(4)口语对练:构建基于大模型的智能助手,通过与该智能助手不断进行对话交流,提高用户的口语能力。

## 3.9 商汤科技公司日日新大模型

### 3.9.1 大模型简介

商汤科技在大模型方面的布局可以追溯到 2019 年。当年商汤科技发布了第一个十亿级别参数量的视觉大模型,2021 年开始在不断迭代视觉大模型的同时,相继开发了自然语言模型、决策智能模型和多模态模型。2023 年,商汤科技对外公布了"日日新 SenseNova"大模型体系,包括自然语言大模型"商量"、文生图大模型"描画"、AI 数字人生成模型"如影"以及 3D 内容生成平台"琼宇"和"格物"。"日日新 SenseNova"带来的这些强大而易用的内容生成能力,将会改变内容生产行业的生产范式,突破内容创意的天花板,将会重塑内容生产行业生态并打开新的增长空间。

### 3.9.2 技术框架与参数

1. 基座模型

NLP 模型使用商汤科技自研的 1800 亿参数中文语言大模型,CV 模型使用 320 亿参数视觉大模型。2023 年发布了 1800 亿参数量的多模态大模型,进一步向 AGI(通用人工智能)迈进。

### 2. NLP 大模型

"商量 SenseChat 2.0"基于海量数据训练,具备强大的文本理解和生成能力,生成的文本自然、流畅,具有高度的可读性和准确性。它依靠强大的算力和算法架构支持,具有高效的并行计算能力,可实时响应用户请求,确保低延迟的交互体验。"商量 SenseChat 2.0"遵循严格的安全和隐私标准,确保用户数据安全。同时,它具备多语言和多场景的应用潜力。通过微调技术,能适应不同语言、领域、场景的特定需求。

### 3. CV 大模型

2019 年,商汤科技首次发布 10 亿参数量级的视觉大模型,随后两年又陆续发布了 20 亿和 80 亿参数量级的视觉大模型。2022 年,视觉大模型参数量达到 320 亿。

### 4. 跨模态大模型

商汤科技于 2023 年 3 月发布了 30 亿参数规模的多模态多任务通用大模型"书生(Intern)2.5",这是世界上开源模型中 ImageNet 准确度最高、规模最大的模型,也是物体检测标杆数据集 COCO 中唯一超过 65.0mAP 的模型。

#### 3.9.3 产品与服务功能

商汤科技"日日新 SenseNova"大模型体系下拥有千亿参数语言大模型"商量",以及各种 AI 文生图创作、2D/3D 数字人生成、大场景/小物体生成等一系列生成式 AI 模型及应用,可实现生产效率和交互体验的升级。

"商量"拥有出色的长文本理解、逻辑推理、多轮对话、情感分析、内容创作、代码生成等综合能力,可以实现包括编程助手、健康咨询助手、PDF 文件阅读助手等产品和服务。

"秒画"文生图创作平台,展现了光影真实、细节丰富、风格多变的强大的文生图能力,可支持 6K 高清图的生成。

"如影"AI 数字人视频生成平台,仅需一段 5 分钟的真人视频素材,就可以生成声音及动作自然、口型准确、多语种精通的数字人分身。

"琼宇"和"格物"3D 内容生成平台,可以高效低成本生成大规模三维场景和精细化的物件,为元宇宙、虚实融合应用打开新的想象空间。

无论是语言大模型,还是文生图或数字人生成,都离不开大规模 AI 基础设施的算力支持。SenseCore 商汤 AI 大装置,拥有行业领先的算力输出能力、超大模型训练及大规模推理能力,是 AGI 和大模型时代的基础设施服务领导者。

#### 3.9.4 大模型特色

2023 年 4 月,商汤正式发布"商汤日日新"大模型体系,近期又再次发布自研中文语言大模型"商量 SenseChat 2.0"。在"百花齐放"的市场格局中,通过对比成绩与表现,可以直观地了解每个大语言模型当前的智能水平。目前,"商量 2.0"实现了对 GPT-3.5 超越,并且随着商业化落地的推进,在众多行业、场景中发挥了令人满意的作用。

例如,在需要大量文案工作的场景中,"商量 2.0"可以协助处理各类文章、报告、信函、产品信息、IT 信息等,进行编辑、重写、总结、分类、提取信息、制作 Q&A 等,有效提高了企业员工的生产效率。在客户服务场景中,"商量2.0"还可以扮演许多不同的企业角色,如银行客服、给孩子讲故事的绘本老师等,并进行顺畅的交流和互动,提升客户体验。

此外,"商量2.0"还拥有广泛的知识储备,能结合企业自身所在行业的专有数据,非常高效地打造满足企业需要的高阶知识库,帮助实现更智能化的知识库管理。"商量2.0"还是高水平的AI代码助手,能极大地帮助提高开发效率,实现新的"二八定律"——80%的代码由AI生成,20%由人工生成。

商汤大语言模型能力的提升源于更多高质量中文数据的训练学习,得益于商汤在底层大模型技术上的不断创新。商汤在训练阶段采用自研的一系列增强复杂推理能力的方法,以及更加有效的反馈学习机制,使得大模型在增强推理能力的同时,减轻了传统大模型的幻觉问题。

### 3.9.5 教育场景与案例

语言是人类进行沟通交流的重要表达方式,也有理论认为语言决定了人对世界的认知。想要学习各种文化知识,第一步就是要掌握语言。教育业内普遍认为大语言模型将会深刻重塑未来各个学科的教育方式,包括学习方式、教学模式、教学资源生产、学习途径等。

"商量"语言大模型具备强大的自然语言理解和生成能力,在学校教育、培训机构、家庭教育等领域具有广泛的应用潜力和前景。

**场景一:学校教育**

学校教育面临的一个重要问题是师资力量紧缺,"商量"语言大模型能在教、学、考、评、管、赛等各个教学场景发挥作用,将老师从机械、重复的教学环节中解放出来,让老师能把更多精力放在更有价值的教学环节和学生身上,真正实现个性化教学,促进教育公平,帮助老师增效减负。

"商量"语言大模型通过智能问答、智能编辑、智能阅读等工具平台,帮助教师方便地获取教学相关信息、生成教学相关文本材料,为教师提供全面的智慧教学服务。

可应用的场景包括:教研(资料查询、头脑风暴、课程设计、论文阅读、论文撰写等)、备课(教案设计、教学建议、教学材料等)、授课(智能助教、课堂练习、口语练习等)、课后(习题推荐、习题批改、个性化练习、学情分析等)、教务(校务咨询、撰写报告、会议纪要、心理健康咨询等)、综合素质教育(跨学科、信息技术、艺术等)。

**场景二:培训机构**

培训机构的核心竞争力在于优质的教学资源和优秀的教师团队,从而帮助学员掌握知识,提高技能水平。"商量"大语言模型同样能高效地帮助教师完成教研、备课、授课等教学资源的生产,同时也能利用问答、知识检索、建议生成等能力,帮助教师(尤其是新入行讲师)更轻松地提升自身教育水平。对于培训行业来说,未来教师培养和提升的过程将越来越简单,在"商量"的帮助下,人人都有成为名师的可能。

对于培训机构的学员来说,培训机构能基于"商量"为其提供全天候、不知疲惫的学习帮手,不仅能帮助学员高效查阅资料、解答问题,还能提供教学建议等帮助,助力其更轻松地学习新知识、掌握新技能,树立终身学习的理念,获得更强的竞争力,为社会发展做出更大的贡献。

此外,"商量"还能在讲师培训、职场培训、智能助教、在线辅导等领域发光发热,在更多场景服务培训机构的讲师和学员,让随时随地且高效的培训成为可能。

**场景三:家庭教育**

家庭是孩子的第一个社会化环境,也是他们最早学习和模仿行为、塑造价值观和人格的地方。家庭教育是基础教育,往往决定了孩子的行为模式和价值观,对孩子的长期发展具有深远影响。

"商量"大语言模型可以作为家庭教育咨询专家,帮助家长学习、掌握正确的教育方法,辅助家长教育孩子,在降低时间、精力投入的同时可提升效果。

"商量"可以通过 API 与各种已有的家庭教育服务对接,例如早教机器人、语言学习工具、儿童绘本等,让其不仅具备更自然的对话、更渊博的知识,还有更充沛的情感,成为孩子友爱的成长伙伴,陪伴孩子一起探索世界、获取新知。

此外,它在孩子的学习辅导、情感陪伴、兴趣启发、学习管理等方面也起到积极作用。

## 3.10 网易有道信息技术(北京)有限公司子曰大模型

### 3.10.1 大模型简介

子曰教育大模型是一款由有道自主研发的大型语言模型,其独特的"基座模型+场景模型"架构提供了核心的通用语言能力,并根据不同的场景进行优化和定制,从而实现高度匹配的解决方案。

除了基于语言技术的能力,子曰大模型还借助丰富的教研知识,深度理解每个场景和用户需求,为每个场景设计出了定制化的技术方案和产品解决方案。

子曰大模型以"以场景为本"的理念为基础,不断为用户提供全面升级的产品体验,开启智能时代的新篇章。

### 3.10.2 技术框架与参数

1. 基座模型

子曰。

2. NLP 大模型

子曰教育大模型。

3. CV 大模型

暂不涉及。

4. 跨模态大模型

文档问答。

### 3.10.3 产品与服务功能

有道"子曰"大模型提供语义理解和知识表达的基础能力,支撑有道各个产品场景模型,实现因材施教,满足不同用户在各类场景下的需求。有道口语产品采用动态口语模型,为用户带来流畅生动的口语体验;有道作文产品采用生成式写作模型,帮助学生掌握写作技能;

有道英语答疑产品采用智能问答模型,通过引导学生分析题目和解决问题,提高学习效果。"子曰"大模型和各场景模型的深度融合,实现了有道 AI 产品高度定制化,既具备广泛的语义理解与知识表达能力,也能精准匹配任何场景需求。

### 3.10.4 大模型特色

子曰大模型是一个强大的语言模型,它不仅提供通用的语言能力,而且可以根据不同的场景实现高度定制化,符合"以场景为本"的理念。

子曰大模型以通用大模型为基础,融合了丰富的专业知识和数据,并设计了定制化的技术方案和产品解决方案,以满足各种场景的需求。

子曰大模型集成了多学科知识和海量数据,实现了人工智能在跨领域和跨学科应用方面的突破,在全科能力、引导式答疑、因材施教方面进行了大量的优化。

子曰大模型兼具普适性和针对性,既保留了大模型的通用能力,又实现了针对不同场景的技术突破和产品升级。

### 3.10.5 教育场景与案例

有道口语产品采用动态口语模型,在保留子曰大模型共用能力的同时,结合广泛的口语知识与语料,针对口语场景实现了技术突破,为用户带来流畅生动的口语体验。

有道作文产品采用生成式写作模型,在发挥子曰大模型的语义理解能力基础上,结合丰富的知识与教研资源,针对作文场景进行优化,帮助学生学会写作文,知道怎么修改作文。

有道英语答疑产品采用基于"子曰"大模型的智能问答模型,在保留大模型通用问答能力的基础上,结合广泛的教研知识库与题目资源,针对答疑场景进行优化,实现了更加精准、高效的答疑体验。我们的模型会结合题目资源和教研知识库,通过逐步引导学生,帮助他们理解问题的本质,掌握题目的解题核心和解题思路。我们不是提供答案,而是教会学生如何分析题目和解决问题,让学生在答疑过程中更深入地学习和思考,从而提高他们的学习成效。

## 3.11 西安交通大学"智察"大模型

### 3.11.1 大模型简介

"智察"大模型由西安交通大学跨媒体知识融合与工程应用研究所研发,旨在解决教科书以及示意图相关任务的人工智能大模型。"智察"取自《墨子》中的"言无务为多而务为智,无务为文而务为察",有聪颖明确之意。该模型关注教育领域相关问题,在预训练大语言模型的基础上,利用西安交通大学自主构建的涵盖小学、初中等多个教育阶段的课程数据库进行模型训练以及指令微调,弥补当前通用大语言模型在教育领域存在的示意图语义理解困难、存在幻觉知识等不足。"智察"大模型具有智能答疑、个性化导学、问题生成以及示意图解析等多种功能。

### 3.11.2 技术框架与参数

1. 基座模型

"智察"大模型采用 LLaMA 作为基座模型。

2. NLP 大模型

"智察"大模型在自然语言处理方向利用西安交通大学自主构建以及标注的知识森林课程进行教育垂直领域微调,配合人类专家进行结果评估以完成模型训练。除多轮对话外,"智察"大模型还支持个性化导学,即根据用户需求为其定制学习路线。它共有超过300万条中英文训练数据参与模型训练,涉及数学、生物、地理等多个学科,"智察"大模型的总参数量约为70亿。

3. 跨模态大模型

"智察"大模型通过视觉编码器、文本编码器、场景图构建、文本特征更新及大语言模型等多个模块处理多模态输入。该模型能通过场景图构建技术将教科书示意图解析为细粒度的对象以及关系,在此基础上利用经过训练的大语言模型对用户的需求进行响应,例如回答教科书示意图相关问题,以及分析教科书示意图所传递的信息等。

### 3.11.3 产品与服务功能

"智察"大模型具有内容解析、问题回答、问题生成以及自动纠错功能。

(1) 内容解析:输入示意图,输出该示意图所展示的内容。

(2) 问题回答:输入示意图(可选)以及问题,对问题进行回答并解释。

(3) 问题生成:输入示意图(可选)以及需要考察的知识,自动生成对应问题。

(4) 自动纠错:输入示意图(可选)问题以及错误答案,分析错误原因并给出需要巩固的知识。

### 3.11.4 大模型特色

"智察"大模型在通用大模型的基础上,针对教育领域进行了优化,尤其侧重于如图表、几何以及物理等多种类示意图的语义理解与分析。

"智察"大模型具有个性化导学功能,能基于用户需求为其定制学习路线,避免认知迷航问题。

"智察"大模型融合了社会学、物理学、文学等多个学科以及多个领域的知识,加强了模型对不同场景的应对能力。

### 3.11.5 教育场景与案例

"智察"大模型在智慧教育领域有丰富的应用前景,例如智能答疑、自动试题生成以及个性化导学等。部分场景与案例如下。

**场景一:示意图解释**

用户输入一张示意图并询问示意图的主要内容是什么,模型首先回答示意图描述的对象(如"蜜蜂的生长周期"),并给出关于该示意图的详细解释,如图3-6所示。

**场景二:问题解答**

用户上传一张示意图,并针对该示意图提出一个问题(例如,"从虫卵到工蜂需要经历几个阶段?"),模型在解析示意图之后给出用户所需的答案,如图3-7所示。

**场景三:问题生成**

用户输入带有部分标注信息的几何示意图,并要求模型提出一个问题同时回答该问题。

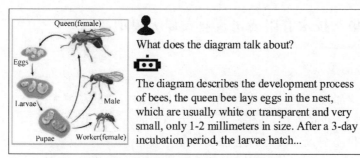

图 3-6 "智察"大模型进行示意图解释

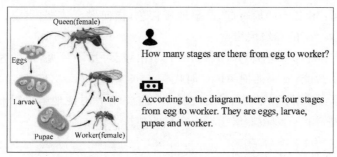

图 3-7 "智察"大模型进行问题解答

例如,模型解析了下面示意图中三角形的标注信息,并利用此信息作为题干提出一个解三角形的问题,紧接着利用三角函数公式对问题进行解答,如图 3-8 所示。

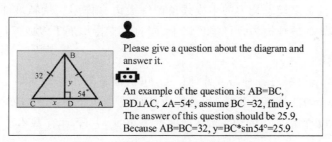

图 3-8 "智察"大模型进行问题生成

### 场景四:自动纠错

用户输入一张示意图问题以及错误的回答(例如,图 3-9 中关于出队列的操作结果),模型分析用户错误的原因,并给出用户可能需要巩固的知识。

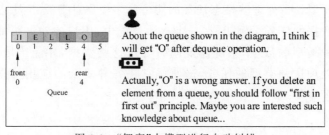

图 3-9 "智察"大模型进行自动纠错

## 3.12 新华三技术有限公司百业灵犀大模型

### 3.12.1 大模型简介

新华三百业灵犀大模型(英文名:LinSeer),是面向行业的私域大模型,定位行业专注、区域专属、数据专有、价值专享,新华三将利用大模型的力量突出四个"专",为垂直行业和专属地域的客户提供安全、定制、独享、生长的智能化服务。

(1) 行业专注:和行业伙伴一起,打通垂直应用数据,形成精准、精确、精益的私域垂直智能,培养我们的特定能力,帮助百行百业建设最懂"行"的私域大模型。

(2) 区域专属:和各地政府一起,凸显地域特色,横向融合数据,贯通区域服务,帮助各省、市、县建设最懂"你"的私域大模型。

(3) 数据专有:确保 To B、To G 数据专有不出域、可用不可见,帮助客户以私有数据,训练定制化的人工智能,安全拥抱 AIGC 时代。

(4) 价值专享:根据客户需求,量身定制 AI 能力,有针对性地解决行业发展的痛点、区域治理的难点问题,用 AI 创造专属于域内客户的独特价值。

### 3.12.2 技术框架与参数

1. 基座模型

新华三百业灵犀大模型采用最新的 Transformer 架构,基于新华三自主研发的动态混合专家模型技术,具备多模态能力的生成式预训练大语言模型。从私域部署的资源和成本考虑,主动控制部署参数规模为百亿规模以上,同时也支持扩展千亿或万亿参数规模。

2. NLP 大模型

百业灵犀大模型可解决各种语言处理任务,包括但不限于智能对话、代码生成、文本生成、语言理解、知识问答、情感分析等(相关能力会持续迭代及增强,并持续增加新的能力)。不仅如此,它还可以理解复杂的语言结构,理解上下文,甚至具有基本的逻辑推理和数学能力。

3. CV 大模型

见跨模态大模型部分。

4. 跨模态大模型

百业灵犀大模型具备处理多模态任务的能力。多模态任务是指同时涉及文本、图像、音频等多种类型数据的任务。例如,在一个对话系统中,用户的输入可能包括语音、文本和表情符号等多种类型的数据,系统需要同时处理这些数据,才能给出正确的回应。百业灵犀大模型能处理这种类型的任务,这使得它在各种复杂的应用场景中,都能表现出优秀的性能。

### 3.12.3 产品与服务功能

在 ICT 算力基础架构的基础上,新华三既能通过"百业灵犀 LinSeer"私域大模型+新华三ICT算力基础架构的模式确保私域数据安全,与业务深度结合提升工作效率,持续优化算法和积累公域数据,为客户提供最新知识能力,实现最优配合。同时,新华三也支持客户自选大模型+新华三ICT算力基础架构模式,为客户AIGC提供强大算力保障。针对私有大模型的开发,新华三提供了可选的模型推理、模型微调、模型训练等专家咨询服务。

为了让用户用好大模型,新华三提供了大模型使能平台(LinSeer ModelHub)让大模型快速集成到业务系统中,并配套提供了可选的集成交付服务。

### 3.12.4 大模型特色

百业灵犀大模型是一款强大、灵活、适应性强的大语言模型,它可以帮助政企客户完成各种复杂的语言处理任务,实现场景智能化,提高工作效率,改善用户体验,具有以下特色。

(1)私域定制。为垂直行业和专属地域的客户提供安全、订制、独享、生长的智能化服务。

(2)性能更优。百业灵犀大模型在处理长篇文本时,性能更优,效果更好。

(3)结果更准确。百业灵犀大模型在理解和生成语言时,能超越简单的关键词匹配,达到更高的准确性和自然性。

(4)弹性扩展。能将多个专家模型的预测结果进行加权组合,以得到最终的预测结果,同时支持大模型扩展到千亿或万亿参数规模。

### 3.12.5 教育场景与案例

**场景一:AI"学伴"**

AIGC时代,教什么?怎么教?应试能力、死记硬背的教学变革迫在眉睫,通过搭建教学云平台和"智慧教室",我们将为每个老师定制一个AI助手,帮助老师从耗时、耗力的批改作业中解放出来,自动收集和整理相关的资源辅助教学,为每个学生建立一个AI数字伴侣,跟随、陪伴、关心学生的学习进度和健康情况,真正让"因材施教"的千年理想、个性化教学成为现实,如图3-10所示。

图3-10 AI"数字伴侣"

**场景二:个性化教学**

通过对学生的学习数据进行分析和挖掘,为每个学生提供定制化的学习方案,帮助学生在薄弱环节上取得突破,同时可以实时跟踪学生的学习进度,使教师能更加精准地掌握学生的学习状况,进而调整教学策略,如图 3-11 所示。

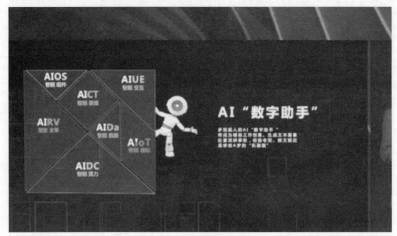

图 3-11　AI"数字助手"

**场景三:智能评估**

通过对学生的学习行为、成长轨迹等多维度数据进行分析,为教育评估提供更全面、客观的依据。

**场景四:学习资源智能推荐**

智能推荐能根据学生已有的知识背景和学习进度,向其推荐最适合的学习资源,提高学习效率和质量。

**场景五:智能辅导**

理解学生的问题,为他们提供即时、准确的解答,如图 3-12 所示,这不仅可以节省教师的时间和精力,还使得学生遇到困难时能获得更加及时的帮助,可提高学生的学习积极性。

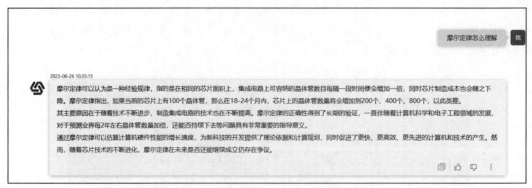

图 3-12　百业灵犀大模型支持智能辅导

**场景六:自动教案设计**

通过引入基于同源性的 AIGC 技术,可以收集、整理和优化内部学习材料,根据教学目标和内容,为不同层次的学生提供自动化的教学设计方案,如图 3-13 所示。

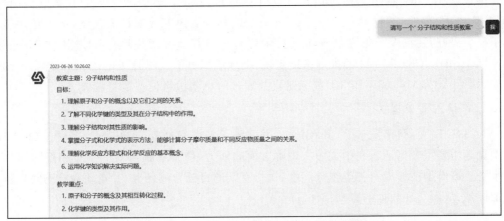

图 3-13　百业灵犀大模型支持自动教案设计

## 3.13　智谱清言 ChatGLM 大模型

### 3.13.1　大模型简介

智谱清言 ChatGLM 是智谱 AI 开发的一款对话型人工智能助手。它基于 GLM 基座模型,支持多轮对话,具备内容创作、信息归纳总结等能力,智能体可以自由调用网页浏览器、代码解释器和多模态文生图大模型,在中英文尤其是中文领域语言理解、生成任务中展现出卓越的性能。ChatGLM 的新一代模型 ChatGLM2-6B,在初代模型基础上全面升级,采用了 GLM 混合目标函数,1.4T 中英标识符预训练,人类偏好对齐训练,性能在多数据集上显著提升。清华智谱开源了 ChatGLM2-6B 模型。2024 年 1 月 16 日,智谱 AI 发布了新一代基座大模型 GLM-4,其整体性能相比上一代大幅提升,全方面对标 GPT-4,特别是中文能力几乎可以比肩 GPT-4。

### 3.13.2　技术框架与参数

1. 基座模型

以 GLM 基座模型为例,它使用了单个 Transformer,并对架构进行了以下修改。

(1) 调整了 layer normalization 和 residual connection 的顺序。

(2) 使用单一线性层进行输出 token 预测。

(3) 将 ReLU 激活函数替换为 GeLUs。

虽然对单轮超长文档理解有限,但在更大的基座模型中,这个问题能得到一定优化。

2024 年 01 月 16 日,智谱在"智谱 AI 技术开放日(Zhipu DevDay)"推出新一代基座大模型 GLM-4。它的整体性能相比上一代大幅提升,十余项指标逼近或达到 GPT-4;支持更长上下文;更强的多模态;支持更快推理速度,更多并发,大幅降低了推理成本;增强了智能体的能力。

2. NLP 大模型

以 ChatGLM2 为例,ChatGLM2-6B 的 NLP 大模型采用 Multi-Query Attention 技术,

提升推理速度。6G 显存支持对话长度从 1K 提升到 8K,技术创新提高了模型实用性。2023 年 10 月 27 日,智谱 AI 发布了 ChatGLM3,作为其第三代对话大模型,不仅在性能上有了显著提升,还在多个方面展现了其技术优势。与其他开源模型如 vLLM 和 Hugging Face TGI 相比,ChatGLM3 的推理速度更快,推理成本更低。同时,ChatGLM3 推出了端侧模型,如 ChatGLM3-1.5B 和 3B,能满足日益增长的小型边缘设备计算需求。

3. 跨模态大模型

2023 年 10 月,智谱发布了 ChatGLM3,并开源了多模态模型 CogVLM。多模态 CogVLM 模型显著增强了智谱清言在中文图文理解方面的能力,使其达到与 GPT-4V 相近的图片理解水平。该模型能够应对各类视觉问题,执行复杂的目标检测任务,并自动为检测到的目标添加标签,从而实现数据的自动标注。

### 3.13.3 产品与服务功能

除智谱清言 ChatGLM 外,智谱的产品矩阵涵盖 CodeGeeX、写作蛙、小呆、CogView 和 CogVideo。

CodeGeeX 是智谱推出的编程辅助工具,旨在帮助开发者更快速、更智能地编写代码,提升编程效率和质量,为开发人员节省宝贵的时间和精力。

写作蛙是面向写作者和创作者的文本编辑工具,集成了人工智能写作助手,提供了丰富的写作功能,帮助用户提升文笔水平和文本质量。

小呆是智谱推出的智能助手和日常生活辅助工具,集成了语音识别、自然语言处理等技术,为用户提供日程管理、天气查询、新闻推送等多种实用功能,让生活更便捷、高效。

CogView 是智谱开发的计算机视觉技术平台,致力于为用户提供强大的图像识别和分析能力,支持多种图像处理任务,为用户的视觉应用提供了全面的解决方案。

CogVideo 是智谱推出的视频处理和分析平台,集成了先进的视频分析算法和技术,支持视频内容识别、场景分析、行为检测等功能,助力用户更好地理解和利用视频资源。

综合而言,智谱的产品矩阵为用户提供了丰富多样的人工智能解决方案,助力用户提升工作效率、创造力和生活质量。

### 3.13.4 大模型特色

以 ChatGLM3 为例,ChatGLM3-6B 和 ChatGLM3-6B-32K 开源,采用最新的推理技术,推理速度提升了 2~3 倍,成本降低一半,具有更高效的性能表现。全新 AgentTuning 技术带来 1000% 的智能体能力提升。

## 3.14 总结

### 3.14.1 总体特征

国内通用人工智能大模型在教育中具有广泛的应用可能性,并展现出巨大的潜力。国内通用人工智能大模型具有以下特征。

(1) 具有中国本土的数据与语料支持:国内通用人工智能大模型在训练数据量上具备

优势。这些模型基于庞大的中文语料库进行训练,其中包括文本、对话、知识图谱等多种数据源。这样的大规模训练有助于提高模型的语言理解和生成能力。国内通用人工智能大模型注重对中文语言和中国文化的理解。它们具备对中文的语义理解和生成能力,能更好地应对中文输入的特点和文化背景。这使得这些模型在中国教育场景中更具优势,能提供更贴合学生和教师需求的智能化教育服务。

(2)通用智能水平较高,但同国外相关模型还有一定差距:国内通用人工智能大模型在语义理解和生成方面具备较高的智能水平。它们能准确理解复杂的自然语言输入,并生成准确、连贯的自然语言回应。但是,在整体上,目前国内的相关模型相对于以 ChatGPT 为代表的国外大模型还有一定的差距。

(3)安全性:国内通用人工智能大模型注重用户隐私和数据安全。这些模型在设计和实现时采取了一系列安全措施,保障用户数据的机密性和完整性。同时,它们也积极应用隐私保护技术,确保用户在使用过程中的个人信息安全,在意识形态、文化价值等方面具有一定的可控性。

### 3.14.2 教育应用模式

目前国内通用人工智能大模型在教育中具有广泛的应用可能性,国内通用人工智能大模型在教育中的应用将进一步发展和深化。

(1)教学助手、智能辅导和个性化学习:通过智能大模型,学生可以获得个性化的学习辅导和指导,根据自身的学习需求和水平进行学习规划和反馈。智能大模型可以支持教师进行作业和考试的自动化评分,减轻教师的工作负担,并提供准确的评估结果。智能大模型可以作为教师的助手,提供教学建议、答疑解惑等支持,提升教学效果和效率。

(2)教育数据分析和学生行为预测:通过智能大模型分析学生的学习行为和数据,可以预测学生的学习趋势和需求,提供针对性的教学策略和措施。

(3)基于 AI 的综合应用:加强与其他领域智能技术的结合,如虚拟现实、增强现实等,将进一步拓展智能大模型在教育中的应用边界,提供更丰富、多样化的教学体验和学习机会。

(4)多模态教学与交互:智能大模型协同可以支持多模态的教学和交互方式。例如,结合语音识别、自然语言理解和计算机视觉等技术,可以实现语音交互、图像识别和手势控制等多样化的学习方式,提供更丰富和个性化的教学体验。

智能大模型协同发展可能是一个重要的发展方向。多个智能大模型之间合作与协同,可提高整体的智能水平和应用能力。通过智能大模型之间的协同,可以实现知识的共享、任务的分担和优势的互补,从而提供更全面、准确和个性化的教学支持和学习体验。

# 4 新型架构发展及 AI Agent 趋势

## 4.1 小模型、轻量级模型是一种重要的发展方向

由于大模型的参数体系巨大,因此其训练需要大量的算力资源支持,训练和推理服务成本非常高,这限制了其在一些场景中的应用,导致大模型落地往往比较困难。为了解决这些问题,不少研究者和开发者希望缩小模型体量,使得小模型能够在下游任务中实现和大模型相似的性能,大模型剪裁、神经网络架构搜索(Nas)、量化以及蒸馏等大模型压缩技术应运而生。

具体而言,大模型压缩可以理解为一种通过将一个大模型的知识迁移到一个小模型上,从而使小模型能够实现和大模型相似的性能,但训练和推理成本更低的技术。剪裁可以理解为去除神经网络中对预测结果不重要的网络结构,Nas 可以理解为以模型大小和推理速度为标准对模型结构进行搜索获取更高效的结构,量化的主要思想是降低模型精度,而大模型蒸馏的主要思想是通过教师模型和 student 模型之间的知识迁移,使得 student 模型能够学习到教师模型中的有用信息,从而提高其性能。

在移动设备飞速发展和广泛普及的今天,相比 PC 端而言,移动设备的使用更加普遍,如果能够将大模型应用到移动设备及移动应用开发中,就能发挥更大的效能。然而,由于大模型的参数体量巨大,训练和推理的成本较高,且很难本地化部署在移动设备中,因此,如何将大模型轻量化为"小模型",部署在移动设备或边缘设备上,成为一个亟待解决的问题。

目前,小模型已经成为一个重要的发展方向。许多研究团队和公司都在尝试使用精简模型架构和优化训练数据集等方法减少模型训练和推理成本,降低部署成本,拓展大模型落地的场景。

1. 谷歌的 EfficientNetV2 和 CoAtNet 模型

谷歌的 EfficientNetV2 和 CoAtNet 模型代表了小模型精简架构的重要发展趋势。在深度学习中,随着模型和数据的增大,人们开始关注训练效率。EfficientNet 是一种非常高效的卷积神经网络模型,但是其计算量和内存消耗较大,而 EfficientNetV2 遵循更小、更快、更准的理念设计,主要用于图像分类任务。通过训练感知的神经架构搜索,解决了大图像训练时的内存问题,实现了在小数据集上更快的训练速度,模型更小的同时准确率却未下降。CoAtNet 则是一种结合了卷积和自注意的混合模型,旨在在大规模数据集上实现更高的精度。在 JFT 数据集上,CoAtNet 相较于传统的 ViT 模型,训练速度快 4 倍,同时在 ImageNet 上达到 90.88% 的新的最先进的 top-1 准确度。

通过更巧妙的设计和架构,这两个小模型在小数据集和大规模数据集上都取得了出色的成绩,展示了小模型的巨大潜力。例如,由于其高效的性能和较低的计算资源消耗,EfficientNetV2 特别适用于在资源有限的环境中部署模型,如移动设备或边缘设备。

### 2. 微软的 phi-1 模型

2023 年,微软发布的 phi-1 模型以仅仅 1.3B 参数达成了出色的任务准确率,引发了业界对小模型发展趋势的关注。传统观点往往认为提升性能需增加算量和模型规模,但 phi-1 通过高质量、少量数据的训练方式打破了这一法则。

phi-1 模型的训练从数据质量角度出发,强调数据是关键。通过"教科书级"质量的数据集,避免了以往数据集的代码依赖问题、示例无聊或缺乏算法逻辑。同时,phi-1 的训练过程注重数据多样性,确保了模型不仅能处理常见任务,还能应对新颖、复杂的挑战。phi-1 模型的成功展示了小模型、轻量级模型的重要性。它只有 1.3B 参数,却在 HumanEval 和 MBPP 上取得显著成果,彰显了"小而精"的潜力。训练细节显示,通过 FlashAttention 实现的 Multi-head attention 等结构,phi-1 在不到 4 天的预训练和 7 小时的微调内完成了模型的训练,迅速而高效,极大地降低了训练成本。

phi-1 的性能在新问题上的高效表现验证了小模型的可行性。这种模型训练方式表明,越来越多的研究者倾向于用高质量的数据,而非盲目追求规模和算量的增加。截至 2023 年 12 月,微软已发布 phi-2 模型。

上述案例表明,小模型训练快、推理成本低、部署场景多,有很大发展空间。通过精简模型结构、精炼数据集等方法,获得的轻量级模型在维持高性能的同时显著减少了计算和内存需求。这种趋势体现了对模型效能和资源利用的双重关注。未来,随着大模型蒸馏技术的不断演进,我们期待其在优化和应用大模型时发挥更为关键的作用,轻量级的模型将成为 LLM 领域持续关注和探索的焦点,为更广泛的模型应用提供更高效的解决方案。

## 4.2 AI Agent 基本发展脉络

20 世纪 50 年代,阿兰·图灵把"高度智能有机体"概念扩展到人工实体,并提出了著名的图灵测试,这个测试是人工智能的基石,旨在探索机器是否可以显示与人类相当的智能行为,这些人工智能实体通常被称为"代理",形成了人工智能系统的基本组成部分。当时的人工智能研究主要集中在符号逻辑推理系统上,使用规则和知识库增强特定的能力、模拟人类的智能行为,例如 IBM 的 Deep Blue 国际象棋计算机程序就是一个典型的例子,但在不同的场景中达到广泛的适应性仍然难以实现。随着计算机技术的进步,基于统计学习的机器学习方法开始兴起,这使得 AI Agent 能够从大量数据中学习并做出预测和决策,例如语音识别和图像识别技术。

近年来,深度学习和神经网络技术的发展为 AI Agent 的发展带来革命性的变化。这些技术使得 AI Agent 能够具备更强大的感知和自主决策能力,例如 AlphaGo 等围棋程序就是基于深度学习技术的。此外,强化学习也成为 AI Agent 发展的重要方向,使得 AI Agent 能够在复杂环境中进行自主学习和行为规划。

2023 年 3 月 14 日,OpenAI 发布了 GPT-4,这一里程碑式的事件在人工智能领域引起广泛关注。仅仅一个月后,AutoGPT 在 GitHub 上横空出世,成为一个免费开源项目,结合了 GPT-4 和 GPT-3.5 技术,可以通过 API 创建完整的项目。这一创新性的项目迅速在全球范围内引发了热潮。

与 ChatGPT 不同,AutoGPT 为用户提供了更为便捷的使用体验。用户无须持续对 AI

提问以获得相应的回答,只需在 AutoGPT 中提供一个 AI 名称、描述和五个目标,AutoGPT 就可以自主完成项目。它能够读写文件、浏览网页、审查自己的提示结果,并将这些结果与之前所说的提示历史记录相结合。

AutoGPT 是 OpenAI 的一个实验性项目,旨在展示 GPT-4 语言模型的强大功能。随着 AutoGPT 的普及,更多人开始了解和体验 AI Agent。基于 LLM 的 AI Agent 不断涌现,包括 Generative Agent、GPT-Engineer、BabyAGI、MetaGPT 等多个项目。这些项目的爆发将 LLM 的发展与应用带入了新阶段,也将 LLM 的创业与落地引向了 AI Agent。

2023 年 6 月底,OpenAI Safety 团队负责人 Lilian Weng 发表了 *LLM Powered Autonomous Agents*,其中详细介绍了基于 LLM 的 AI Agent,并认为这将使 LLM 成为通用问题解决方案的途径之一。这篇文章使人们更加深入地理解了 AI Agent 的核心价值和应用前景。

随着更多大语言模型的完善、迭代与优化,基于这些 LLM 构建的 Agent 自然能力也会更强。未来,相信 AI Agent 将会无处不在,更加智能、自主、适应性强、多样化、专业化、可信赖。它们将在各个领域发挥重要作用,为人类社会的发展和进步做出贡献。

### 4.2.1 Auto-GPT

**1. Auto-GPT 介绍**

Auto-GPT 原名是 EntreprenurGPT,由 Significant Gravitas 开发创造,它是一个基于 AI 的开源应用程序,Auto-GPT 相当于给基于 GPT 的模型一个内存和一个身体。有了它,可以把一项任务交给 AI 智能体,让它自主地提出一个计划、执行计划。此外,它还具有获取搜索和信息的互联网接入、长期和短期内存管理、使用 GPT-4 实例进行文本生成以及使用 GPT-3.5 进行文件存储和摘要、访问流行的网站和平台等功能。

Auto-GPT 通过列出具体目标简化或自动化工作流程。使用深度神经网络生成高质量、类似人类的一个提示列表来完成任务,无须人工输入或监督,这意味着它可用于自动执行范围广泛的任务,从编写产品说明和新闻文章到撰写电子邮件和聊天机器人回复,或者编写类似俄罗斯方块的程序。

接下来看一个 ChatGPT 与 Auto-GPT 的案例对比,更加直观地感受二者的区别。

目标:准备下一个节日的食谱。

如果是问 ChatGPT,得到的回答如图 4-1 所示。

ChatGPT 已经告诉我们怎么做了,接下来我们就得查下一个节日是什么,然后再去网上搜索食谱,确定菜单。

**Auto-GPT 会怎么做呢?**

(1) 去网上搜索下一个节日是什么。

(2) 查找下一个节日的食物是什么。

(3) 分析菜单,然后确定菜单。

(4) 给出菜单,并保存在某个地方。

**2. Auto-GPT 关键原理**

Auto-GPT 使用的语言模型是 GPT-4 或 GPT-3.5 的 text-davinci-003。然而,这些模型无法直接浏览网页、执行代码或发布信息,Significant Gravitas 的创新之处在于将这些操作

```
┌─────────────────────────────────────────────────────────┐
│  🧑  怎么准备下一个节日的食谱                              │
│                                                         │
│  🤖  准备下一个节日的食谱可以按照以下步骤进行：            │
│                                                         │
│      1. 选择节日：确定你要准备食谱的具体节日，例如圣诞节、感恩节、复活节等。│
│      2. 主题和口味：根据所选节日的主题和口味，确定食谱的整体风格和特色。考虑传统的菜│
│         肴、当地特色或者个人喜好，以确保食谱与节日氛围相符。│
│      3. 研究和选择菜肴：通过研究相关菜谱书籍、互联网上的食谱网站、食谱应用程序等，寻找│
│         适合所选节日的菜肴和美食。收集你感兴趣的食谱，并考虑适合自己厨艺水平和时间安排│
│         的菜肴。                                         │
│      4. 制定菜单：根据收集到的食谱，制定一个完整的菜单。包括开胃菜、主菜、配菜、甜点和│
│         饮品等，确保菜单的搭配合理、丰富多样。           │
│      5. 食材采购：根据制定的菜单，列出所需的食材清单。仔细检查现有的食材库存，确定需要│
│         购买的食材和材料。在购买时要注意食材的新鲜度和品质。│
│      6. 菜肴准备：按照食谱逐步准备菜肴。注意食材的处理和烹饪技巧，确保菜肴的口感和外观│
│         达到预期效果。合理安排时间，提前准备能够提前完成的部分，确保整个菜单的顺利进│
│         行。                                             │
│      7. 装饰和摆盘：注意菜肴的装饰和摆盘，以增添节日氛围和美感。使用适当的餐具、装饰品│
│         和配菜，使菜肴呈现出诱人的外观。                 │
│      8. 分享和品尝：完成菜肴后，邀请家人、朋友或亲人一起分享美食。享受美食的同时，也享│
│         受节日的欢乐和团聚的氛围。                       │
│                                                         │
│      记住，准备下一个节日的食谱是一项有趣的过程，你可以根据个人口味和创意加入自己的特│
│      色，让节日更加难忘和美味。                          │
└─────────────────────────────────────────────────────────┘
```

图 4-1 ChatGPT 回复

转化为命令，让 GPT-4 模型进行选择，并根据返回的结果执行操作。作者设计了一个精巧的提示系统，将要执行的命令封装成 Prompt 模板发送给 GPT-4，然后根据结果执行相应操作。

其核心在于它把我们的命令发送给 GPT-4 的时候，让 GPT-4 根据指定的 COMMAND 选择操作，COMMAND 中包括谷歌搜索、浏览网站、读写文件、执行代码等。Auto-GPT 会把问题，如"寻找今日微博热搜"发给 GPT-4，并要求 GPT-4 根据 COMMAND 选择最合适的方式去得到答案，给出每一个 COMMAND 背后需要使用的参数，包括 URL、执行的代码等。然后，Auto-GPT 根据返回的结果使用想用的命令执行 GPT-4 的建议。

Auto-GPT 主要由三部分构成：需求下发、自主运行、结果输出。其中，自主运行是 Auto-GPT 的核心模块，其流程如下。

（1）任务定义：通过 Prompt 向 GPT 下发任务，初次下发任务需包含用户名（Name）、角色（Role）、目标（Goals）。后续的 Prompt 是根据执行结果由 GPT 自动生成的。

（2）理解任务：对下发的 Prompt，GPT 通过大模型理解语义内容，模仿人类，接收任务，思考。

（3）生成方案：对思考的结果，GPT 会输出详细的解决步骤，这部分对应 Auto-GPT 中的 PLAN，即 GPT 根据思考结果，逐条列出了需要执行的步骤。

（4）生成指令：对于需要执行的步骤，GPT 会通过逻辑判断从中选择出优先执行的步骤，并生成可执行的操作或指令，即通过 GPT 决策后返回的指令，包含 command 与 arguements。例如，浏览百度网站指令：command = browse_website, arguments = {'url': "http://www.baidu.com"}。

（5）执行指令：通过访问外部资源或调用 GPT 完成任务。这些外部资源包括：访问网站、解析网站、爬取数据、执行电脑指令等,使用ChatGPT资源可包括编写代码等。

(6)输出结果:指令操作完成后,系统返回执行结果,这些执行结果可以是网站页面解析的结果、数据分析的结果等。

(7)评估结果:执行任务后,AI会评估结果以确定是否达到预期目标或是否需要进一步完善。这种评估有助于AI了解其行动的有效性,并做出必要的调整。

3. Auto-GPT应用案例

核心任务:一位生活频道博主,如何在YouTube获得1000订阅(见图4-2)。

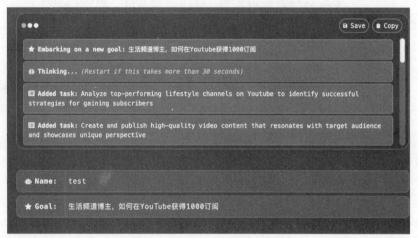

图4-2 Auto-GPT应用案例

1)拆解任务
- 分析YouTube上订阅者超过1000人的成功生活频道。
- 产生符合成功频道和目标受众偏好的内容创意。
- 对视频标题、描述和标签实施SEO(搜索引擎优化)策略,以提高知名度,吸引新用户。

2)执行任务

分析YouTube上订阅者超过1000人的成功生活频道,有以下几个共同的策略。
- 连贯性:YouTube上成功的生活频道定期发布视频,通常是在一个固定的时间表上,这有助于与他们的观众建立信任,并保持观众的参与。
- 参与性:与观众互动是建立忠实粉丝的关键。回应评论和信息,举办直播,创建互动内容,都是与观众互动和发展社区的方式。
- 高质量的内容:创建高质量的内容,使其具有信息性、娱乐性,或两者兼备,是吸引和保留观众的关键。YouTube上成功的生活频道通常专注于更广泛的"生活"类别中的特定利基,并为其观众提供有价值的见解和建议。
- 优化的视频:优化视频以利于搜索和发现,对于增加频道的受众非常重要。这包括在视频标题、描述和标签中使用相关关键词,以及创建醒目的缩略图。
- 合作:与同一利基市场的其他创作者合作,可以帮助扩大一个频道的影响力,并将其介绍给新的观众。通过遵循这些策略,YouTube上的生活频道可以增加其达到1000个订阅者及1000个以上订阅者的机会。

3）再自动拆解任务
- 创建一个内容日历,概述与目标受众的喜好和利基相一致的定期发布时间表。
- 研究相关的流行关键词,用于视频标题、描述和标签,以改善SEO。
- 开发互动内容,鼓励观众参与,如投票或问答环节。
- 与市场上其他的创作者确定潜在的合作机会,并主动提出合作。
- 实施策略,提高视频制作质量,如投资更好的设备或编辑软件。

4）再自动执行任务

根据研究情况,以下是一些符合成功渠道和目标受众偏好的内容想法,以便在YouTube上获得1000个订阅者。
- 创建与生活方式有关的热门话题的教程,如烹饪、家庭装修、时尚和美容。
- 主持对生活方式领域专家的采访,分享他们的见解。
- 创建与生活方式有关的挑战,如健身挑战、整理挑战和烹饪挑战。
- 分享你自己的个人经验和与生活方式有关的提示,如何过一种健康和平衡的生活方式,如何提高注意力和生产力,以及如何腾出时间进行自我护理。
- 分享鼓舞人心的故事和采访,这些人以积极的方式改变了他们的生活方式。通过持续地围绕这些主题创建内容,并与观众互动,你将有更大的机会在YouTube上获得1000个用户。

5）再次增加任务

研究最新的视频编辑软件,并制订计划,在预算范围内投资最佳选择,以提高视频制作质量。

6）执行

为了在YouTube上实施视频标题、描述和标签的SEO策略,AgentGPT建议采取以下步骤。
- 研究关键词:使用关键词研究工具,如Google Adwords Keyword Planner或Ubersuggest,确定与你的内容相关的高流量关键词。
- 优化视频标题:在你的视频标题中使用确定的关键词,并保持其简短和描述性。太长的标题在搜索结果中可能会被截断,所以目标是60个字符或更少。
- 撰写有吸引力的描述:使用你的视频描述提供关于你的内容的背景和相关信息。描述的前25个字中应包含关键词,并至少使用250个字。
- 使用标签:在你的上传视频中包括相关的标签,同时使用广泛和具体的标签,以增加你的内容在搜索结果中出现的可能性。
- 鼓励参与:要求观众订阅、喜欢和评论你的视频。参与的观众更有可能分享你的内容,这可以导致增加知名度和订阅者。在YouTube上的视频标题、描述和标签实施这些SEO策略,可以提高知名度,并且可以为你的频道吸引新的订阅者。

(案例来源:公众号Misskaopu "手把手教你用Auto GPT成为博主:以真实案例带你涨粉"https://mp.weixin.qq.com/s/pIUggb33KbhsYwdHIaee1Q)

#### 4.2.2 斯坦福小镇

**1. 斯坦福小镇简介**

斯坦福小镇这个项目基于斯坦福大学人机交互研究小组发表在 CHI 2023 会议上的一篇论文 *Generative Agents：Interactive Simulacra of Human Behavior*。这篇论文探索了如何利用 GPT 这样的大型语言模型,生成具有记忆、规划和协作能力的 AI 智能体,并在一个沙盒环境中模拟真实的人类社会。

该研究构建了一个模拟城市,其中有 25 个由 ChatGPT 等 AI 技术驱动的角色共同居住。这些角色在一个复古 RPG 风格的虚拟环境中,各自展现了不同的虚拟人格并自主行动。他们以 2D 卡通形象呈现,各自遵循独特的生活模式,从早晨的起床到晚上就寝,从工作到娱乐,每个角色都能独立行动。通过自然语言设定,每个角色都有详细的介绍和复杂的相互关系,并可以与其他角色进行交互。角色间的相遇和对话不仅交换了日常生活和环境的信息,还形成了记忆。这使得他们能够感知当前环境,并据此做出后续行动决策。更重要的是,这些角色具备内省能力,能够产生新的见解并制订长期计划。这 25 个 AI 代理居住在一个数字化的西部世界中,却并不知道自己的生活是模拟的。他们在这个世界里工作、闲聊、组织社交活动、结交新友,甚至发展出感情。每个角色都有鲜明的个性和丰富的背景故事。

在研究中,作者详尽地描述了斯坦福小镇中人物的起床、做早餐以及上班的流程;同时,还以艺术家和作家为例,展示了他们如何形成观点、关注他人、开展对话,以及在规划第二天的日程时回忆和反思过去的日子。

为了支持生成代理,研究中提出一种扩展大型语言模型的体系结构,该体系结构能够使用自然语言存储代理经验的完整记录。随着时间的推移,这些记忆将被整合到更高层次的反射中,并动态地检索以指导代理的行为。作者还介绍了一种由 SIMS 启发的交互式沙箱环境,该环境可用于实例化生成代理。在这个环境中,最终用户可以使用自然语言与一个包含 25 个代理的小镇进行交互。

评估结果表明,这些生成的代理能够产生可信的个人和社会行为。例如,在一个用户指定的概念开始的情况下,一个代理会主动发起情人节聚会的邀请,并在接下来的两天里与其他代理交流、结识新朋友,并在聚会上互相约定,同时协调在合适的时间一起参加聚会。该研究通过融合大型语言模型与计算和交互代理,为可信的模拟人类行为引入了新的建筑和交互模式。

**2. 斯坦福小镇的意义**

斯坦福 AI 小镇项目为 AI 研究者提供了一个观察和研究 AI 在复杂的社会环境中的行为和互动的平台(见图 4-3)。这个项目在多个领域都具有重要的意义,从社会学研究的角度出发,该项目有助于我们更好地理解人类社会的运作和互动。从游戏开发的角度来说,该项目为游戏开发者开辟了新的世界,创造出更真实、更有趣、更有深度的游戏体验。

我们期望这种人工智能的虚拟世界能够超越游戏和娱乐的边界,将其应用于更广泛的实际领域,为人类社会的发展和进步做出贡献。

在教学领域,AI 虚拟世界可以作为学生的良师益友,提供个性化的教学方案和丰富的

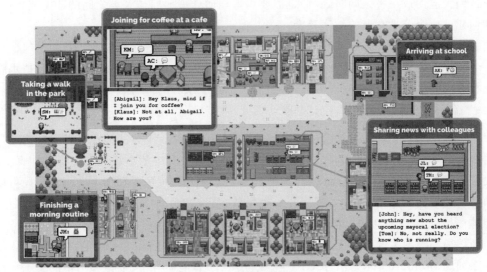

图 4-3 斯坦福小镇

(来源:*Generative Agents: Interactive Simulacra of Human Behavior*)

互动体验。通过模拟现实场景和情境,AI 智能体能够帮助学生深入理解抽象的概念和理论,提高学习效果和兴趣。同时,AI 虚拟世界还可以为教师提供支持和辅助,帮助他们更好地管理和组织教学活动,提高教学质量和效率。

在医疗领域,AI 虚拟世界可以作为医生和患者的伙伴,提供更加智能化和人性化的医疗服务。通过模拟人体和疾病过程,AI 智能体能够帮助医生进行疾病诊断和治疗方案的制定,提高医疗水平和治疗效果。同时,AI 虚拟世界还可以为患者提供健康管理和康复辅助,帮助他们更好地管理健康状况和恢复身体功能。

在人机交互领域,AI 虚拟世界可以作为人与机器之间的桥梁,实现更加自然和流畅的交互体验。通过模拟人类行为和情感,AI 智能体能够更好地理解人类用户的需求和意图,提供更加智能化的交互方式和体验。同时,AI 虚拟世界还可以为机器提供智能化的决策和支持,提高机器的自主性和适应性。

随着科技的飞速发展,我们正逐步迈向一个与真实世界相似度极高的虚拟环境。斯坦福的 AI 小镇不仅是一个技术展示,更可能预示着人工智能的下一个重要阶段——一个能够在复杂环境中自主决策行动,并与其他 AI 智能体互动的智能体。这种技术将彻底颠覆我们的生活、工作和娱乐方式,为我们开启一个全新的数字时代。

在未来的元宇宙中,我们将不再只是面对冷冰冰的机器和代码,而是与拥有思想、感情和目标的 AI 居民共同生活。这些 AI 居民不再是简单的程序或工具,而是真正意义上的"居民",他们有自己的喜好、情感和目标。他们可以与人类建立深厚的友谊,甚至发展出浪漫的情感。

在这种环境下,我们可以从 AI 居民那里学习新知识,与他们交流思想和观点。同时,我们也可以向他们传授我们的经验,共同成长,探索数字世界的无尽奥秘。无论是学习、工作还是娱乐,这种全新的互动方式都将为我们带来前所未有的体验。

然而,这种技术的出现也带来一些挑战和问题。我们需要确保 AI 居民的权利和尊严,防止他们被滥用或伤害。同时,我们也需要思考如何处理他们与人类之间的冲突或矛盾,以及如何建立一个公平和谐的数字社会。

总的来说,斯坦福的 AI 小镇为我们展示了一个充满无限可能性的未来。在这个未来中,AI 不再只是我们的工具或伙伴,而是与我们共同生活、共同成长的伙伴。这种技术将彻底颠覆我们的生活、工作和娱乐方式,为我们带来前所未有的体验和机会。

3. 斯坦福小镇的应用与发展趋势

斯坦福小镇是一个模拟社会的沙盒环境,其中有 25 个 AI 智能体在进行日常活动。编程语言为 Python,网页界面用 Django 框架。为了让置身其中的小镇居民变得更加真实,小镇设置了许多公共场景,包括咖啡馆、酒吧、公园、学校、宿舍、房屋和商店。小镇居民可以在小镇各个场景内随处走动,进入或离开一个场所,甚至和另一个小镇居民打招呼。这些 AI 智能体都是由 GPT 生成的,它们有自己独特的身份、职业、性格和关系网。

斯坦福小镇的关键技术就是利用 GPT 生成 AI 智能体的行为和语言。研究团队设计了一系列的 prompt(提示),引导 GPT 生成符合 AI 智能体身份、性格和情境的文本。这些 prompt 如下。

(1) 人物设定,用来定义 AI 智能体的基本信息,如姓名、年龄、职业、性格等。

(2) 人物记忆,用来记录 AI 智能体过去发生的事情,如与谁交谈、做了什么、感受如何等。

(3) 人物规划,用来制定 AI 智能体未来要做的事情,如去哪里、见谁、做什么等。

(4) 人物对话,用来生成 AI 智能体与其他 AI 智能体的对话,如说什么、怎么说等。

AI 智能体所拥有的完整记忆流意味着它们可以将不同的记忆片段整合在一起,形成更高层次的推论和认知。这种能力使得 AI 智能体能基于过去的经验和环境信息,自主地制订行动计划和决策。当我们将记忆和情感赋予 AI 智能体时,它们的行为和决策将更加复杂和多样化。情感的存在将使 AI 智能体更具有人性化的特点,它们会因为情感的影响而表现出不同的行为和反应。同时,情感也会影响 AI 智能体的决策过程,使得它们的决策更符合人类的价值观和道德标准。

在斯坦福小镇中,AI 居民不仅拥有身份和记忆,还拥有情感和目标。它们可以在小镇中自由地移动,与其他 AI 智能体或人类玩家进行互动,甚至建立情感关系。这种互动和关系可以促进 AI 居民的成长和发展,使它们更具有个性和特点。

与传统游戏不同,使用 AI 编写的程序只需要为角色设定身份和目标,而不需要预先编写好所有的事件和剧情。AI 智能体会根据自身的记忆和情感,以及与环境和角色的互动,自主地生成事件和剧情。这种自由发挥的方式可以带来更加丰富和真实的游戏体验,使得玩家更投入于游戏中的世界。

由此可见,斯坦福小镇有巨大的教育应用潜力,可以为教育提供更加丰富、生动和灵活的学习方式,为教育领域提供更加先进、高效的学习方式和资源。

### 4.2.3 AutoGen

1. AutoGen 简介

AutoGen 是微软推出的使用多个代理开发 LLM 应用程序的、融入多个大模型调用的先进开发框架,其核心目标是协助开发者更高效地构建基于大型语言模型的复杂应用程序(见图4-4)。其独创性在于支持用户创建和管理多个自主代理,以协同完成复杂任务。该框架允许开发者利用自然语言和计算机代码定义代理之间的交互,为应用程序赋予灵活的对话模式。

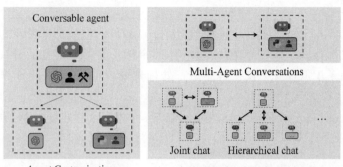

图 4-4　AutoGen 可通过多 Agent 对话实现基于 LLM 的各种应用
(来源为 https://github.com/microsoft/autogen)

2. AutoGen 的优势和作用

AutoGen 的灵活性极高,开发者可以根据需求定义不同代理及其角色,并配置它们的协同工作方式。这种多代理协作提高了任务完成的效率,尤其在编程、规划和创意写作等领域。另外,AutoGen 拥有增强的大语言模型推理 API,提升了推理性能,降低了成本,为用户提供了一个简化、优化和自动化语言模型工作流程的框架。

3. 应用场景举例

以下是 AutoGen 在自动任务解决中的一个应用案例,展示了其在代码生成和执行方面的灵活性和效能。

案例:代码生成与自动任务解决。

在这个案例中,通过使用 AutoGen 产生两个代理:用于生成代码的 Assistant Agent(助手代理)和用于执行代码的 User Proxy Agent(用户代理),系统能实现自动化的任务解决过程。Assistant Agent 是基于大型语言模型的代理,能生成 Python 代码,并将其传递给 User Proxy Agent。User Proxy Agent 充当用户的代理,负责执行 Assistant Agent 生成的代码。执行过程中,User Proxy Agent 可以根据需要征求用户的批准,也可以选择自动执行代码。

具体步骤如下。

(1) Assistant Agent 生成 Python 代码,并将其传递给 User Proxy Agent。

(2) User Proxy Agent 执行代码,根据需要征求用户的批准或选择自动执行。

(3) 根据代码执行的结果,User Proxy Agent 可能会向用户征求反馈,或者自动生成反馈。

(4) 如果代码执行出现错误,Assistant Agent 将对代码进行调试,并提出新的建议。

(5) Assistant Agent 和 User Proxy Agent 之间保持通信,直到任务完成。

这一过程中,AutoGen 的框架简化了多代理之间的协同、优化和自动化,使得开发者能够轻松定义代理和它们之间的交互行为。通过这种方式,开发者可以在自动任务解决中实现更高效的工作流程,无论是在编程、规划还是创意写作等领域。这个案例展示了AutoGen 的强大功能,使得多个代理可以协同工作,通过迭代循环不断提高任务的执行效果。

4. 发展趋势

AutoGen 的意义在于推动智能代理的普及,加速多代理协同工作的概念在应用中的实现。其个性化推荐和服务创新了用户体验,而自然语言处理和机器学习的发展为框架提供了技术支持。AutoGen 不仅在自然语言处理领域应用,还拓展到计算机视觉、语音识别等领域,呈现出跨领域应用的发展趋势。总之,AutoGen 的引入标志着智能化、个性化和协同化的新潮流,其发展将持续推动技术创新,为各领域提供更高效、更智能的工具和服务。

#### 4.2.4 Semantic Kernel

1. 简介

Semantic Kernel(语义内核)是一个轻量级的 SDK(软件开发工具包),旨在实现人工智能大型语言模型与传统编程语言的集成。开发者可以使用这个工具包将传统的编程语言(如 C♯、Python 和 Java)与最新的大语言模型相结合,以创建更智能、更强大的应用程序。作为一个高度可扩展的 SDK,Semantic Kernel 可用于构建回答问题和自动化流程的代理。此外,2023 年 3 月,微软将 Semantic Kernel 作为 LLM 开发框架开源,并在自己的 Copilot 产品中使用了它,该框架可帮助开发者快速将 LLM 的能力添加到应用中,从而轻松地构建各种基于 LLM 的应用,如聊天机器人、生成式问答、内部知识库、摘要生成等。

在微软看来,利用 LLM 解决问题主要是学会向 LLM 提问,因此,解决问题的流程也是从提问开始。但是,一个问题能否被 LLM 很好地回答是依赖很多方面的,例如提问的技巧,问题是否可以被分解成多个确定的步骤等。但是,最终是让用户的提问变成一个更好的 Prompt。而这些目前仅仅依赖 Prompt-tuning 可能不够。但是解决用户的目标可以变成如下几个步骤的抽象。

ASK:将用户的问题转化成一个 ASK。

Kernel:获得用户的问题之后,需要对问题进行编排,主要增加与用户问题相关的提问模板、相关的解决技术(skills)等。

Planner:用户的目标或者问题可能涉及多个步骤,需要根据资源以及目标将用户的问题分解成不同的步骤。

Resources:Planner 分解之后每个步骤涉及的技能、记忆力等。

Steps:即 Planner 分解的步骤。

Pipeline:流水线,即执行 Steps 的流水线。

GET:获取用户最终的结果。

从这些步骤看,微软的 ASK 主要提供了一种使用 LLM 解决问题的范式,显然这是针对复杂任务构造的一种流程和框架,遵照这个流程和框架将用户的目标分解后执行,可以获得 LLM 的输出。

2. Semantic Kernel 的不同组件

1) The Kernel

Kernel 是 Semantic Kernel 的核心，负责保存所有必要的信息，用人工智能编排代码（见图 4-5）。因为 Kernel 拥有运行本地代码和人工智能服务所需的所有服务和插件，所以它被 Semantic Kernel SDK 中的几乎每个组件所使用。这意味着，如果在 Semantic Kernel 中运行任何提示或代码，它将总是经过一个 Kernel。这意味着，开发者有一个单一的地方可以配置，最重要的是监控 AI 应用程序。举一个例子，当开发者从 Kernel 中调用一个提示符时，Kernel 将：

（1）选择最佳的 AI 服务运行提示；

（2）使用提供的提示模板构建提示；

（3）将提示发送给 AI 服务；

（4）接收并解析响应；

（5）将响应返回给应用程序。

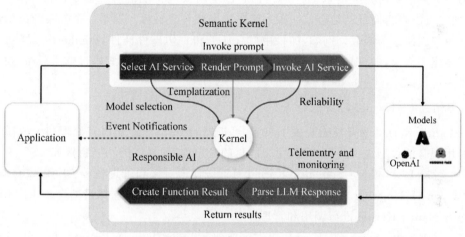

图 4-5 Kernel 是一切的中心

2) Prompts

提示是从人工智能模型中得出正确答案的核心，在交流和指导大型语言模型人工智能的行为方面起着至关重要的作用。它们充当用户可以提供的输入或查询，以从模型中引出特定的响应。

Semantic Kernel 对于提示工程来说是一个很有价值的工具，因为它允许开发者使用一个公共的接口在多个不同的模型中试验不同的提示和参数。这可以快速比较不同模型和参数的输出，并根据提示迭代以获得所需的结果。一旦用户熟悉了提示工程，也可以使用 Semantic Kernel 将技能应用到现实世界的场景中。提示与本机函数和连接器相结合，可以构建强大的人工智能应用程序。

最后，通过与 Visual Studio 代码的深度集成，Semantic Kernel 还可使您轻松地将 Prompt 工程集成到现有的开发流程中。

3) plugins

插件是 Semantic Kernel 的基本构建模块，可以与 ChatGPT、Bing 和 Microsoft 365 中

的插件进行互操作。使用插件，可以将功能封装到一个单一的功能单元中，然后由 Kernel 运行。插件可以由本地代码和通过提示对人工智能服务的请求组成。AI plugins 如图 4-6 所示。

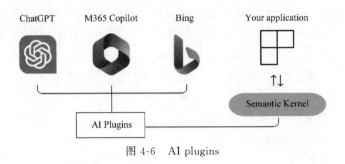

图 4-6　AI plugins

4）Planner

Planner 是允许生成计划以完成任务的提示。Planner 是一个函数，它接受用户的请求并返回一个关于如何完成请求的计划。它通过使用人工智能混合和匹配内核中注册的插件，以便它可以将它们重新组合成一系列步骤来完成一个目标。这是一个强大的概念，因为它允许用户创建原子函数。例如，如果用户有任务和日历事件插件，Planner 可以将它们结合起来创建工作流，如"提醒我去商店买牛奶"或"提醒我明天给我妈妈打电话"，而不必为这些场景编写代码。

3. Semantic Kernel 的功能特点

Semantic Kernel 为开发者提供了灵活、可扩展的工具，以优化语言处理和生成任务，并充分利用现有的大型语言模型，实现更智能化的应用程序，具体的功能特点如下。

（1）对接 LLM 模型：Semantic Kernel 可以方便地对接和管理各种 LLM，如 OpenAI、Azure OpenAI、Hugging Face 等。开发者可以根据自己的需求选择最适合的 LLM 服务，并通过 Semantic Kernel 进行调用和管理。

（2）提示模板：Semantic Kernel 提供了类似于 LangChain 的 Prompt Template 功能，开发者只需要编写简单的模板，就可以针对不同的场景和目标生成适当的提示词，从而指导 LLM 生成期望的内容。

（3）函数链接：Semantic Kernel 支持将多个函数功能（包括自然语言函数、传统代码函数、内存函数、连接器函数等）连接在一起，形成一个函数链，以实现更复杂的任务和逻辑。这样，开发者可以通过函数链组织和管理不同的功能模块，使应用程序更加灵活、高效。

（4）应用程序集成：Semantic Kernel 可以与应用程序的开发技能和积累进行深度集成，从而增强应用程序的智能化程度。开发者可以通过 Semantic Kernel 将 LLM 与现有应用程序整合，实现更智能、更高级的功能。

4. Semantic Kernel 的应用

整合 LLM：Semantic Kernel 允许开发者轻松地将传统编程语言与最新的大型语言模型相结合，这意味着开发者可以在他们的应用程序中集成强大的自然语言处理和生成能力，从而创建更具智能化的应用。

构建聊天机器人：开发者可以使用 Semantic Kernel 构建聊天机器人，这些机器人可以允许组织查询其自己的数据,实现自动化的问答和对话功能。

驱动应用程序:开发者可以使用 Semantic Kernel 构建 LLM 驱动的应用程序。这意味着应用程序可以使用自然语言进行技能定义,从而使其更智能,并提供更有趣的用户体验。

定制提示和建议:Semantic Kernel 提供开箱即用的模板和链接,使开发者能轻松地为其应用程序创建定制的提示和建议,从而提高用户的操作效率。

# 5 教育通用人工智能大模型标准用例

国务院印发的《新一代人工智能发展规划》指出,要充分利用人工智能等技术构建智能与交互式学习的新型教育体系[①],人工智能技术已逐步深入应用于教育环境、教学过程、教育评价、教育管理等关键环节与教育场景中。当前,教育的数字化转型呈现加速发展的趋势,人工智能技术与教育教学开始进行深度融合。在这一融合进程中,大模型成为备受关注的关键技术。教育通用人工智能大模型的应用能够为教育领域提供个性化、智能化的支持和服务,已经在教育教学、学生管理、课程评估等多个领域取得显著的进展。然而,尽管已取得初步成果,但教育通用人工智能大模型的应用仍处于起步探索阶段,需要教育者继续深入设计更加细化的应用途径、更加广泛的应用场景,以达到更好的应用效果。

教育通用人工智能大模型如何更好地促进教育的发展,助力泛在学习与个性化学习的开展,值得我们进一步思考。因而,我们提出了教育通用人工智能大模型的标准用例,涵盖教、学、管、测、评等多维度,并对六个不同维度的具体案例展开了分析,以期加深对教育领域大模型应用的理解,使得教育通用人工智能大模型未来能更好地落地。

## 5.1 教案生成

**案例一:ChatGPT 生成物理学科光的折射教案**
案例描述:
【背景】
　　新教师在设计教案时可能面临一些困扰,尤其是缺乏经验的教师更容易遇到这个问题。然而,随着人工智能技术的发展,解决这个问题的方法也变得更加可行、便捷。其中,ChatGPT 作为一种强大的语言模型,能有效地辅助教师进行教案设计,提供高质量的生成内容。
【问题与任务】
　　下面以物理老师为例,旨在让物理老师体验 ChatGPT 生成物理教案的方法。通过使用 ChatGPT,物理老师可以得到教案设计的有力支持,无论是在课程内容的组织安排、教学策略的选择,还是教学资源的引用等方面都能满足教师的基本需求。
【分析与对策】
　　为了提高 ChatGPT 生成质量,一个关键因素是精心设计 Prompt,一个有效的 Prompt 可以引导 ChatGPT 的输出,使其更符合教师的期望。在这个案例中,物理老师可以设计一个包含以下要素的 Prompt。
　　首先,情景引入和角色设定。物理老师可以描述一个具体的教学场景,例如一堂关于光学折射的课程,让 ChatGPT 扮演一个辅助教师的角色。

---

① 国务院.国务院关于印发新一代人工智能发展规划的通知[EB/OL].(2017-07-20)[2023-04-12]. http://www.gov.cn/zhengce/content/2017/07/20/content_5211996.htm.

其次,任务描述。物理老师可以明确告知 ChatGPT 需要完成的任务,比如要求 ChatGPT 设计一个关于光学的教案,涵盖基本概念、实例演示和相关练习等内容。

接着,要求描述。这部分非常关键,需要物理老师使用准确的表述,包括输出的语言要求、输出的逻辑要求,以及生成内容的长度和难度水平要求。此外,物理老师还可以要求 ChatGPT 引用适当的教学资源,如示意图、实验视频或在线模拟器等,以丰富教案的内容和形式。

本案例中我们设计的 Prompt 如下。

你现在是 7 年级物理教师。我希望你设计一份关于光的折射的教案。我们对这份教案有如下要求:①这份教案要能够引导学生从日常生活中发现光的折射的现象;②要引导学生自主设计实验,动手操作,从而达到对光的折射的深入理解;③要结合一些辅助教学软件;④请以 markdown 源代码输出。

这个 Prompt 由以下几部分组成。

(1) 情景引入和角色设定。设计一个问题情境,并赋予 ChatGPT 一定的角色,在教案设计任务中一般要指定学段和学科等基本信息。

(2) 任务描述。在教案设计任务中,一般要指定要生成的教案的主题,可以是一个知识点或一个单元,如"光的折射"(见图 5-1)。

(3) 要求描述。教案生成中包含的要求描述如下。

- 课程设计目标。
- 课程活动概述。
- 课程中用到的工具。
- 教案输出的格式。

(4) 结果。

【结果】

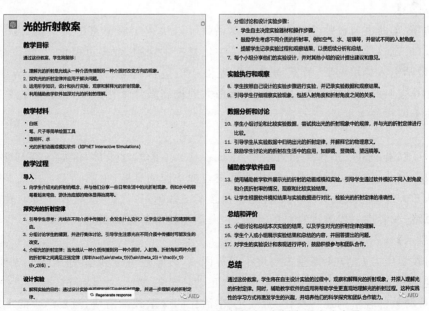

图 5-1 ChatGPT 生成物理学科光的折射教案(案例来源为公众号 AIED)

**【结论与启示】**

ChatGPT生成的这份教案包含教学目标、教学材料、教学过程(多个教学环节和工具设计:实验执行和观察、数据分析和讨论、辅助教学软件应用、总结和评价)和总结四部分,符合Prompt中的要求,教案内容也比较规范、丰富。

显然,若使用得当,ChatGPT可以帮我们快速生成特定学科背景和教学主题的教案。精心设计Prompt,并合理利用ChatGPT生成的内容,物理老师能够得到一个高质量的物理教案,其他学科思路基本相同。这种方法不仅可以节省教师的时间和精力,还能提供新颖的教学思路和创意,为教师提供更多的选择和参考。

**案例二:讯飞星火认知大模型助力教师备课**

案例描述:

**【背景】**

教育数字化战略行动自发展以来,我国教育信息化进入融合创新的新阶段,信息技术与教育教学的深度融合已成为必然趋势。在2023年5月科大讯飞星火认知大模型发布会上,教育领域的落地应用备受关注。2023年6月9日,科大讯飞发布"讯飞星火认知大模型",覆盖"教、学、考、评、管"全链路场景,在精准教学、学情分析、个性化学习、测评与评价等方面都将带来更丰富的体验创新、更深远的模式创新。基于讯飞星火认知大模型,助手中心为教师的教案设计提供了极大的帮助,教师可以按需选择,满足自身的教学设计需求。

**【问题与任务】**

新课标下聚焦核心素养培育,应充分发挥教育大模型的技术价值,创新教学方式;同时,教学设计是教师课堂教学的灵魂与关键,也是教学场景下的首要刚需。在学科教学过程中,教师往往需要花费大量时间来查找资料、整理信息、构思内容和制作素材。讯飞星火认知大模型中的"教师助手"通过智能语音交互和自然语言理解技术,AI智能分析教材内容和学生需求,为教师提供切实可行的课程大纲和教学方案。

**【分析与对策】**

借助"教案助手",教师经过短短几轮对话就可以快速生成丰富的教学设计灵感和教学设计模板,扩充教学设计丰富度。笔者以高中信息技术课程《数据可视化》教学设计为例(见图5-2),教师输入提示词后,教案助手可以提供一份包含教学目标、教学重点与难点、教学过程设计等版块的专业的教学设计模板,能极大地提高教师工作效率,让教师能够有更多的时间专注于课堂教学本身。

**【结果】**

教师可以借助讯飞星火认知大模型,生成各种类型的教学设计,例如STEM教案设计、大单元教学设计、项目化学习设计等快速解决教师备课的难题(见图5-3)。图5-4所示是讯飞星火认知大模型生成的初中人工智能课程教案。教师可以结合大模型生成的教案拓宽教学设计思路,或者进一步改进自己的教案,大大减轻教师备课的负担。

**【结论与启示】**

面对教学压力大、学生课堂参与度不足等困境,教师还可以利用"星火认知大模型"生成独特有趣的课堂互动设计模板,包含具体的互动环节的设计,如小组讨论、角色扮演、游戏等,有效帮助教师轻松构建活动化、游戏化、生活化的课堂教学情境,激发学生的求知欲。科大讯飞星火认知大模型,将为教师用户带来更高效智能的教学体验,以人工智能助力智慧课

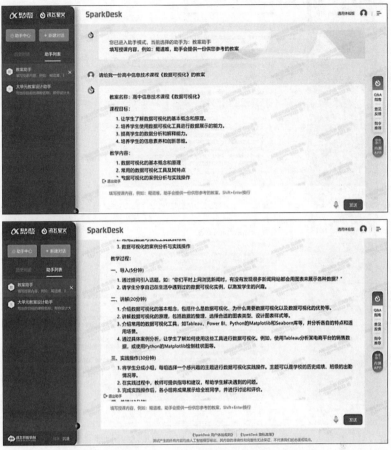

图 5-2　讯飞星火认知大模型生成《数据可视化》教案

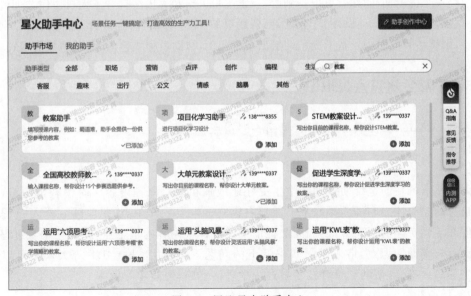

图 5-3　讯飞星火助手中心

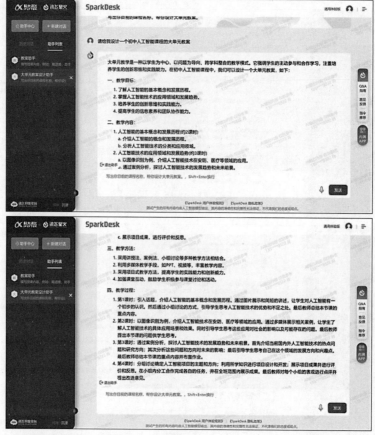

图 5-4 讯飞星火认知大模型生成的初中人工智能课程教案

堂教与学,更好地满足学生的个性化需求,减轻教师工作负担,提高教学效率与质量。

只需一个提示词,问题就可以得到解答,讯飞星火认知大模型打开了人机协作共创的新大门,在教学设计、课堂互动设计、作业设计、课题灵感、学生评语、班会设计、家访沟通提纲等细分场景,聚焦实际应用场景基于提示词给出参考样例,帮助教师快速入手,助力减负增效。

## 5.2 教学知识点提取

**案例:ChatGPT 提取物理知识(见图 5-5)重点**

案例描述:

【背景】

课程重点的目的是帮助教师和学生更好地理解和应对课程内容。对于教师而言,可以依据自身的原有能力和经验提取某一课程内容的重难点或知识点,供学生在学习过程中参考。但在学生自学的情况下,他们无法提前知道该课程内容的重难点,因而在学习过程中可能无法有效掌握知识点,造成学习效率低下的问题。而利用 ChatGPT 等大模型可以提前为学生提取重难点,帮助学习者在学习过程中理清思路,提高学习效率。

【问题与任务】

如果学生和教师想提取物理知识点和重难点,我们可以为 ChatGPT 等大模型提供课程内容,设计合适的提示词,借助它们自动为我们提取简化后的知识点和重难点。

【分析与对策】

对于该类型的功能,应设计包含如下内容的 Prompt:①为模型指定角色。比如,现在你是一位经验丰富的物理教师。②提供课程内容。③描述任务与结果格式。例如,请为我提取这段内容中的关键信息和重难点,并整理成知识卡片。

本案例设计的 Prompt 如下。

现在你是一位教学经验丰富的物理老师,我这里有一段课程内容:量子力学的一个难点是理解波粒二象性,即微观粒子既具有波动性,又具有粒子性。这一现象与我们的经典物理直觉相悖,因为在经典物理中,波和粒子是两种不同的物理对象,它们有不同的性质和规律。例如,波可以发生干涉和衍射,而粒子则不会;粒子可以具有确定的位置和动量,而波则不会。然而,在量子力学中,微观粒子的行为取决于我们如何观测它们。当我们用波动性的实验装置观测它们时,它们就表现出波动性;当我们用粒子性的实验装置观测它们时,它们就表现出粒子性。这就是著名的双缝干涉实验所展示的结果。在这个实验中,如果用一个光电探测器测量电子通过哪个缝,我们就会发现电子表现出粒子性,即只能通过一个缝;如果不进行这样的测量,就会发现电子表现出波动性,即可以通过两个缝,并在屏幕上形成干涉条纹。这种波粒二象性是量子力学的一个基本特征,也是一个深刻的哲学问题。它意味着微观世界的本质是不可知的,我们只能通过概率描述它。它也意味着观测者对被观测系统的影响是不可避免的,我们不能把自己完全排除在外。这些问题挑战了我们对物理现实和客观知识的传统认识,也给了我们许多启发。请为我提取这段内容中的关键信息和重难点,并整理成知识卡片。你需要以表格的形式输出,表格一共三列,第一列是序号,第二列是知识点名字,第三列是内容。最后你还要输出重点和难点内容。

【结果】

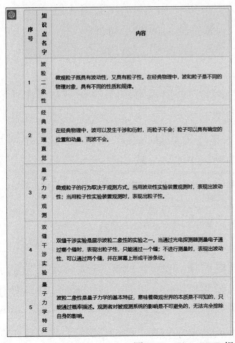
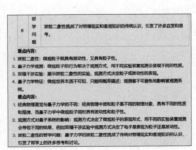

图 5-5　ChatGPT 提取物理知识点

这个 Prompt 包含了角色设计——物理老师,课程内容,任务要求——提取知识卡片和重难点内容,以及规定了最后的表格输出格式。可以看出,ChatGPT 有能力从一段文本中总结出关键知识点和重难点,能够为自学的学生或者教师归纳出需要学习的知识点和重难点内容,帮助他们提高学习效率。

**【结论与启示】**

从该案例中可以看出,当想了解某课程或某一段信息中所包含的重难点内容或知识点时,ChatGPT 可以为我们提供一定的帮助。当然,这需要我们精心设计一个合适的 Prompt,引导模型给出我们想要的答案。

## 5.3 教学参考资料

**案例:ChatGPT 生成英语单词学习材料**(见图 5-6)

案例描述:

**【背景】**

由于孩子们的记忆力和注意力相对较差,他们更喜欢通过游戏和互动的方式学习,因而当我们教低学段儿童英语单词时,往往需要应用一些特殊的教学方法。故事联想法正是为这种情况量身定制的。故事联想法是一种通过将单词与有趣的故事情节联系起来的方法,可以帮助孩子们更好地记忆和理解英语单词,从而提高他们学习的兴趣和动力,增加他们的单词积累量,提高他们记忆的效率。

**【问题与任务】**

在画板上画一棵树,围绕这棵树,引导孩子联想出一些相关的单词,它们是 tree, bluebird, hen, cow, frog, river, snake……这时我们可以使用 ChatGPT 将上述单词串成一个故事,生成教学参考资料,方便孩子们联想记忆,激发他们的学习动机。

**【分析与对策】**

我们设计的 Prompt 如下。

你现在是一个小学英语学习助手,请使用如下单词编写一个适合一年级学生记忆这些单词的有趣的小故事。请遵守如下要求:①请输出英文故事;②这个故事需要将所给的单词以最容易记住的逻辑进行组合;③这个故事不能超过 100 个单词,新增的单词要适合小学一年级学生的认知水平;④如果想在故事中使用图片,输出时不要有反斜线,不要用代码块,使用 Unsplash API (https://source.unsplash.com/128x128/?＜PUT YOUR QUERY HERE＞);⑤请使用 mardkown 源代码方式输出。

这些单词是 tree, bird, branch, frog, river, hen, cow, snake, egg。

这个 Prompt 由以下几部分组成。

(1) 情景引入和角色设定。设计一个问题情境,并赋予 ChatGPT 一定的角色。

(2) 任务描述。使用简洁有效的话语描述需要 ChatGPT 完成的任务,注意使用一些与任务相关的关键词。

(3) 要求描述。使用适当的话语描述生成的要求,这对 ChatGPT 生成内容的准确性和适切性非常重要,要求描述越精确,生成的内容越符合要求。这个例子中包含的要求描述如下。
- 输出的语言。
- 输出逻辑。
- 输出的长度和难度水平要求。
- 图片的格式。
- 输出的总体格式。

【结果】

　　Once upon a time, there was a tree in the middle of a river. A bird built her nest on one of the branches of that tree. One day, a frog was jumping by the river and saw the bird. The frog asked, "How did you get there?" The bird replied, "I flew here!" The frog said, "I wish I could climb up the tree like you!" Suddenly, a hen appeared and saw the frog struggling to climb. So, she helped him onto her back, and they both made their way up the tree. When they reached the top, they found a cow sleeping on the branch. The cow moved and revealed a snake, which quickly slithered away, leaving behind an egg. The hen took the egg and safely carried it back down the tree to the ground. The frog croaked happily and the bird chirped in relief, glad that they could all work together to overcome their obstacles.

图 5-6　ChatGPT 生成英语单词学习材料
（案例来源：公众号 AIED）

　　ChatGPT 生成的英文故事较符合要求,适合低学段儿童阅读,同时具有一定的趣味性,而且 ChatGPT 还生成了图片。

　　这个例子也有一定缺陷,图片依然是直接按照单词生成的,没有和生成的故事关联起来。事实上,如果更进一步,进行二次开发,可以将 ChatGPT 和 Stable Diffusion 结合起来使用,以 ChatGPT 所生产的故事生成故事图片,那样就更完美了。

【结论与启示】

这个案例提供了一个有趣而实用的方法，可以帮助低学段儿童学习英语单词。通过使用单词故事联想法和 ChatGPT 生成故事，儿童可以更好地记忆单词，并且能够激发儿童的学习动机。进一步地，可以将生成的故事与图片相结合，以提供更完美的学习体验。

没有 ChatGPT 时，我们想出了这种方法：在画板上画出一个情景，并围绕该情景展开故事联想，帮助儿童更好地理解和记忆单词，提高他们的学习兴趣。引入 ChatGPT 后，我们可以进一步发展这种趣味教育方法，通过设计 Prompt 引入一个问题情境并赋予 ChatGPT 一个角色，使之根据给定的单词生成一个故事，帮助儿童进行联想记忆。情境的设定能使得 ChatGPT 在生成故事时更贴合儿童的学习需求。描述 ChatGPT 需要完成的任务，要求描述非常重要，它可能涵盖输出的语言、输出逻辑、输出的长度和难度水平要求，以及图片和总体格式要求等。这样的要求描述能确保生成的故事符合儿童的阅读水平，有趣并且具有教育意义。

不仅是英语学习材料，这种方法还可以延伸到其他各学科。总的来说，ChatGPT 生成教学参考资料在教育领域有着广阔的应用前景，并且可以不断探索和优化。

## 5.4 疑难解答

**案例一**：可汗学院 AI 个性化导师 Khanmigo（见图 5-7）
案例描述：
【背景】

布鲁姆曾观察到一种现象，接受一对一辅导学习的学生，无论是学习能力、解题技巧，还是知识水平，都远远高于未被辅导过的学生，基于此，近年来许多研究者都致力于教育的个性化改革。可汗学院作为一个非营利性教育组织，致力于提供免费的在线教育资源，通过互联网为全球范围内的学生和教师提供高质量、个性化的教育内容。

【问题与任务】

但在类似 ChatGPT 的众多大语言模型诞生前，让每个学生都能拥有一个导师，进行一对一辅导学习，是一件非常奢侈甚至不可实现的事情。而现在，将 AI 技术引入教育，已经有多位超级导师出现，Khanmigo 就是其中之一，它是一种人工智能驱动的助手，既可以作为学生的虚拟导师，也可以作为教师的课堂助理。

【分析与对策】

当学生做题遇到困难时，可以和 Khanmigo 发起对话，请求帮助，但值得注意的是，AI 并不是直接给出答案，而是从思路上一步步引导学生思考，是一名非常专业的辅导老师。

【结果】

下面给出三个示例。

学生："你就直接告诉我答案吧！"

AI："你自己独立思考很重要哦！你觉得用 2 乘以 5/12，我们需要做什么呢？"

学生："需要为它们找到共同的分母吗？"

AI："这个想法不错哦！不过我们再想想，这是做乘法，不是加法，我们还需要找到共同分母吗？"

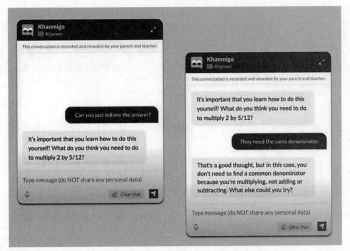

图 5-7 可汗学院 AI 个性化导师 Khanmigo

在一道常规数学题 $3-2(9+2m)=m$ 中，AI 不会直接给学生答案，而是引导学生将 $2(9+2m)$ 进行拆分，变成 $3-2*9-2*2m=m$，如图 5-8 所示。

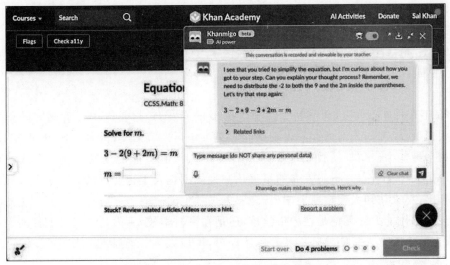

图 5-8 Khanmigo 对数学问题的解答

当用可汗学院 AI 个性化导师 Khanmigo 学习计算机编程时，AI 能够理解整个题目，进而清晰地知道当前对话的上下文，如图 5-9 所示。当在第 24 行代码输入 leftX--时，只有左边的云朵会移动。这时，你问 AI 为什么右边的云朵没动，AI 会告诉你，如果想右边的云朵也动起来，你还需要调整 rightX 变量。

（案例来源公众号 GetHubDaily）

【结论与启示】

使用 AI 手段答疑解惑，能实现随时随地的一对一辅导，有针对性地帮助学生，提高学习效率。但最让人们担忧的问题是 AI 助手扮演的角色是一个"没有感情的答案机器"还是一位"循循善诱的教师"？使用 AI 助手后，学生的思维能力、头脑灵活性是否会下降？当

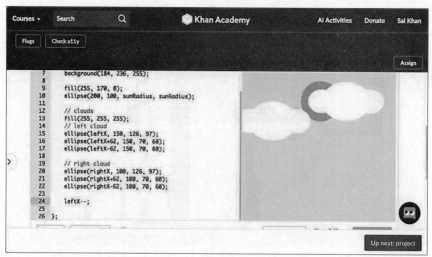

图 5-9　使用可汗学院 AI 个性化导师 Khanmigo 学习计算机编程

前,由于 AI 助手的应用时间较短,暂未有研究证明 AI 助手对学生思维和头脑发展的影响,但从上述示例以及更多未在文中提及的案例看,Khanmigo 是一位懂得教育教学方法的优秀教师,他甚至采用了苏格拉底的产婆术、孔子的"因材施教"理论,真正关注到教育本身、关注到学生的需求和兴趣,在 AI 中塑造了一个"有温度的灵魂"。

**案例二：讯飞星火认知大模型助力个性化学习**(见图 5-10)

**案例描述：**

【背景】

2023 年 5 月 6 日,科大讯飞星火认知大模型正式发布,这是以中文为核心的新一代认知智能大模型,能在与人对话互动过程中同时提供包括内容回复、内容理解、知识问答、推理等在内的多种能力。黎加厚教授评价其为："生成式人工智能的发展就是中国式教育现代化的一个重大历史节点。讯飞发布的星火认知大模型是人工智能领域的一次重大飞跃。"黎教授还指出,星火认知大模型赋能学生,能够放飞学生的想象力、创造力,培养学生的批判性思维和人机协作能力。无论是在城市学校,还是在乡村学校,星火认知大模型都能发挥重要作用,成为学生的个人智能导师。黎教授还提出,生成式人工智能将重塑课程,促进生成式学习,引爆"软知识"生成。

【问题与任务】

讯飞星火认知大模型在助力学生的疑难解答方面已经有了应用。学生平时在学习过程中会遇到很多困惑与难题,教师的指导与辅导是远远不能满足学生的个性化学习要求,但是借助讯飞星火认知大模型的学习助手,便可随时帮助学生解答难题。例如,学生想了解勾股定理的推导方法,可以向讯飞星火的"数学老师"提问。

【分析与对策】

学生需要明确自身的学习需要,如果遇到学习难题不知如何解决,可以选择"解题助手",如果想了解不懂的知识点,可以选择"数学老师",或者作文写作没有思路,还可以向作文助手寻求帮助,随时随地解答学习疑难问题,极大地提高了学习效率。当然,在提问过程中提示词的选择十分重要,学习者可以根据需求细分提示词,然后逐步提问,当收到不合适的答案时,可以适当调整提问的角度与方式,这样有助于获取到高质量的解答。例如,本案例是帮助学生了解三角函数的性质。

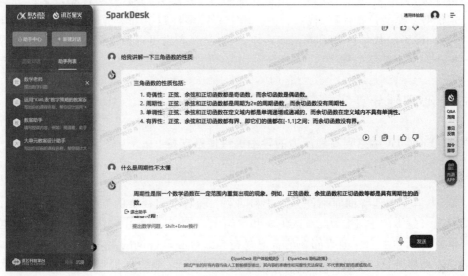

图 5-10　讯飞星火认知大模型助力个性化学习

学习者可以向"数学老师"提问:"请给我讲解一下三角函数的性质",当学习者对其中的性质存在疑问时,还可以使用提示词进一步追问,比如什么是周期性等。

【结果】

学习者可以结合讯飞星火认知大模型给出的解答,进行进一步的提问,以满足自身的学习需求,如图 5-11 所示。在以下例子中,学习者可以使用提示词要求提供更多的具体例子以及更详细的知识描述,通过短短几轮对话可以理解以前不理解的知识点,并且可以从多角度提问,丰富问题的思路。

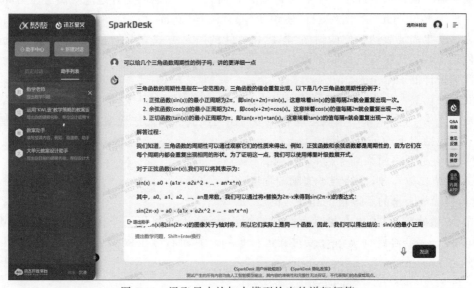

图 5-11　讯飞星火认知大模型给出的详细解答

· 97 ·

【结论与启示】
由此可以看出,讯飞星火认知大模型在开放式问答上取得了较大的突破,多轮对话和数学能力再升级,文本生成、语言理解、逻辑推理能力持续提升,并且在多题型可解析数学能力上有一定优势:模型具备计算、代数、几何、解方程等多种题型可解析的数学能力,可以为用户提供高效、准确的数学计算服务。在其他方面,学习者也可以借助星火认知大模型的助手中心轻松获取疑难解答的服务。

## 5.5 心理辅导

**案例:EduChat 给感到高考压力的学生提供情感支持**
案例描述:
【背景】
目前,中学生心理咨询面临许多挑战和问题。随着现代社会的竞争压力不断增加,中学生承受着越来越多的学业压力、考试焦虑和情绪困扰,尤其面临中高考的学生存在着更大的心理调解需求。学生心理健康问题的普遍存在导致对心理咨询的需求不断增强,然而,传统的面对面咨询服务往往无法满足这一需求,我国心理咨询师的数量也远远不够。这就为新兴的 AIGC 聊天工具开辟了情感支持这一应用探索方向。
【问题与任务】
高三学生心理咨询呈现出一些明显的问题,如很多学校和教育机构缺乏足够的心理咨询师来满足学生的需求、心理咨询的隐私和保密性让学生感到担忧、面对面咨询需要支付高昂的费用等。教育领域对话大模型 EduChat[①] 的出现为学生心理咨询和情感问题的解决开辟了一条新的道路。引入 EduChat 作为高三学生心理健康咨询师,任务是帮助学生应对考试压力、提供学习策略和情绪管理的支持,以恢复学生的学习动力和心理健康。
【分析与对策】
我们需要设计适合高中学生心理咨询的 Prompt,帮助他们更好地应对高考压力和心理问题。使用 EduChat 的"情感支持"模块的"心理疏导"功能,设定学生特点为高三、面临高考压力。学生需要表达他们的情绪、担忧和可能的应对方式等,使得 EduChat 能准确地帮助他们思考和发现更有效的应对策略。

我们设计的 Prompt 如下。
我是一名高中学生,即将面临高考,最近几个月感到压力巨大,被焦虑和失眠困扰,我的学习成绩开始下降,未来的不确定性和高考的压力使我感到无法应对,我该怎么办?
其中包括以下的关键信息:
① 身份是即将面临高考的高三学生;
② 情绪比较焦虑,已经到了失眠的程度;
③ 担忧是未来的不确定性和高考的压力。
由于"情感支持"模块本身具有明确的细化情境,因此可以不指定对话模型的身份,如"假如你是一名心理咨询师",直接对其进行提问。界面右方也提供了提问范例,如图 5-12 所示。

---

① 华东师范大学. EduChat[EB/OL]. 2023-06-01[2023-07-01]. https://www.educhat.top/#/.

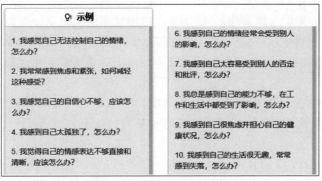

图 5-12 EduChat 提问范例

【结果】

EduChat 生成的结果如图 5-13 所示。

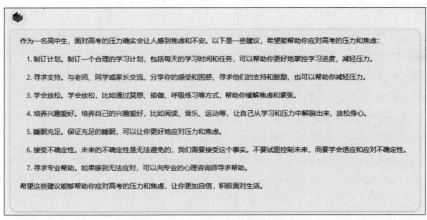

图 5-13 EduChat 情感支持模块

【结论与启示】

EduChat 作为一种教育领域的人工智能模型,具有提供情感支持、心理洞察和解决问题的潜力。它可以 24 小时待命,为学生提供随时可用的心理咨询服务。这种便利性和可及性可以解决传统咨询中的等待时间问题,让学生能够更及时地获得支持和指导。此外,学生可以在一个相对安全和私密的环境中与 EduChat 进行对话,减轻了他们的担忧和抵触情绪,这种隐私保护可以让学生更自由地表达自己的问题和困扰。最后,大模型低成本的特点使得更多的学生能够获得心理支持,尤其是那些经济条件有限的学生。

## 5.6 作业/试卷批改

**案例:ChatGPT 批改小学英语作文**

案例描述:

【背景】

人工批改作业需要教师花费大量的时间和精力。每份作业都要细致地阅读、评估和提供反馈,尤其是当批改的作业数量较多时,工作量会非常庞大。同时,对于主观题而言,教师在批改时难以避免会受自己的情绪等其他因素的影响，可能导致评判不准确或不公正。而且，人工批改通常只能提供有限的反馈和建议，特别是在时间紧张的情况下。教师往往难以为每个学生提供针对性的个别指导，而只能给出一般性的意见和建议，也可能导致学生等待批改结果的时间延长，对学习进程和积极性产生影响。借助ChatGPT等大模型可以解决以上问题。

【问题与任务】

这里以批改小学三年级英语作文为例，利用ChatGPT对我们提供的作文进行批改与反馈，从而使英语老师和学生有了更多的选择和更高的效率。

【分析与对策】

对于大模型而言，我们需要精心设计一个Prompt，让其更好地理解我们的意图。Prompt应该包含以下要素：第一，指定ChatGPT所扮演的角色，例如此案例中可以让其扮演一位英语教师；第二，指定ChatGPT的任务及要求，比如让其修改作文中的错误，需要包括语法检查、反馈建议、范例等；第三，指定回答格式和作文内容。

本案例中我们使用的Prompt如下。

假设你是一位小学三年级的英语老师，现在我需要你指出英语作文中的错误。要求如下：①检查这篇作文中的语法和拼写错误。②检查作文中的句子结构是否正确，如果有更好的句子，请进行修改。③依据本篇作文的语法格式和内容，写一篇正确的范例作文。④整理一个表格，表格包括序列号、修改前的内容、修改后的内容，还有修改的原因。原因用中文写明。⑤作文内容如下。

I have a good friend.She is a beautiful girl.She has long blackhair,two big black eyes and a red mouth.Her voice is better. She is good at singing.

She is a clever girl.She likes reading books, playing computergames and chess. She is also nice. She often helps us. Ourclassmates like her very much.

【结果】

ChatGPT批改小学英语作文标注图如图5-14所示。

作文中的错误已经被标注如下：

| 序列号 | 修改前的内容 | 修改后的内容 | 修改的原因 |
| --- | --- | --- | --- |
| 1 | She is a beautiful girl. | She is a beautiful girl. | 无错误 |
| 2 | She has long blackhair. | She has long black hair. | 拼写错误，加上空格 |
| 3 | two big black eyes | two big black eyes | 无错误 |
| 4 | a red mouth | rosy/red lips | 使用更准确的词汇 |
| 5 | Her voice is better. | She has a beautiful voice. | 更好的表达方式 |
| 6 | Sheis good at singing. | She is talented in singing. | 更好的表达方式 |
| 7 | She is a clever girl. | She is intelligent. | 更好的形容词 |
| 8 | She likes reading books, playing computergames and chess. | She enjoys reading books and playing computer games. She is also skilled in playing chess. | 句子结构有误，分开列举爱好并使用适当的动词形式 |
| 9 | She is also nice. | She is also kind. | 更好的形容词 |
| 10 | She often helps us. | She is always ready to help us. | 加强表达，使用强调频率的副词 |
| 11 | Ourclassmates like her very much. | Our classmates admire her greatly. | 更好的表达方式 |

图5-14 ChatGPT批改小学英语作文标注图

ChatGPT 生成的这个表格包括了这篇作文修改前后的内容以及修改的原因,并依据原文内容提供了一篇范文(见图 5-15),有一定的参考意义。

> 范例作文如下:
> I have a good friend. She is a beautiful girl with long black hair, two big black eyes, and rosy lips. She has a beautiful voice and is talented in singing. She is intelligent and enjoys reading books and playing computer games. She is also skilled in playing chess. Additionally, she is kind and is always ready to help us. Our classmates greatly admire her.
> 请注意,我已尽力在范例作文中修正了语法、拼写和句子结构的错误,以便作文更加准确和流畅。

图 5-15　ChatGPT 修改小学英语作文

【结论与启示】

可以看出,ChatGPT 可以在一定程度上针对英语作文给出修改意见和修改结果,并根据原文内容给出范例作文。通过精心设计的符合需求的 Prompt,模型生成的内容可以给学生更多的思路和单词或句式的扩展,加强反馈,帮助老师和学生提高效率。

## 5.7　出测试题/答案

**案例:ChatGPT 出小学三年级的测试题和答案**(见图 5-16 和图 5-17)

案例描述:

【背景】

小学、初中、高中的学生需要经常进行各科目的测试,包括语文、数学、英语等。传统上,教师需要花费大量的时间和精力设计测试题目,确保题目的准确性和合理性。然而,这对于教师而言是一项繁重的任务,尤其是面对大量学生时。借助 ChatGPT 等大模型的能力,我们可以利用自然语言生成技术生成小学三年级的测试题目和答案,从而提高教师的效率。

【问题与任务】

这里以为小学三年级学生出数学题为例,利用 ChatGPT 根据要求提供相应的测试题目,从而提高数学老师的工作效率。

【分析与对策】

为了确保 ChatGPT 能够正确理解我们的意图并生成合适的测试题目和答案,我们需要设计一个精心的 Prompt。Prompt 应该包含以下要素:①明确 ChatGPT 所扮演的角色,即小学三年级的教师;②指定任务,即设计测试题目和答案;③提供相关的信息,如测试科目和目标学生群体;④要求题目难度适当、答案准确清晰。

【结果】

ChatGPT 设计的考试题目考虑了学生的学习水平和能力,确保了题目不过于简单或过于复杂,注意到了题目的多样性和覆盖面,涵盖各知识点和技能,具有一定的参考价值。

【结论与启示】

通过合理设计 Prompt 和指定任务要求,ChatGPT 可以生成适合小学三年级学生的测试题目和答案。这可以减轻教师的工作负担,提高测试的效率和准确性。然而,教师仍然需要审查和调整 ChatGPT 生成的题目和答案,以确保其准确性和合理性。ChatGPT 生成的题目和答案可以作为教师的参考,帮助他们设计更好的测试题目,促进学生的学

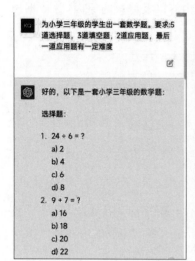
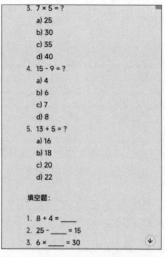
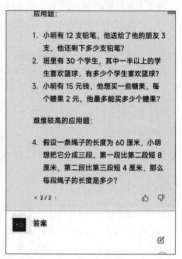

图 5-16　ChatGPT 为小学三年级学生出数学题

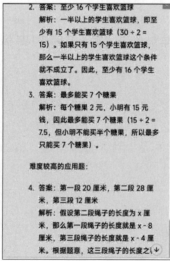

图 5-17　ChatGPT 生成数学题答案

习进步。

## 5.8　标题与大纲

### 案例：协助教师出版书籍

案例描述：

【背景】

随着人工智能的快速发展，其在教育领域的应用也日益增多。人工智能技术为教育带来巨大的变革，改变了教学方式、学习过程和评估方法。一位教师希望写一本关于人工智能教育的书籍，旨在展示人工智能在教育中的应用，并提供一些具体的案例供读者参考。

【问题与任务】

在这个案例中,我们的目标是协助教师出版一本关于人工智能教育的书籍。任务包括:①给出 20 个吸引人的标题,使其能够吸引读者的兴趣;②为此书列一个提纲,确保内容的结构合理和连贯性。

【分析与对策】

为了协助教师出版一本引人入胜的人工智能教育书籍,我们需要充分挖掘人工智能在教育中的应用,以及其带来的变化和影响。下面是一些分析和对策。

- 吸引人的标题:根据人工智能教育的主题和目标读者的兴趣,给出 20 个吸引人的标题。这些标题可以突出人工智能在教育中的创新、实用性和未来发展的前景,以吸引读者的注意力和兴趣。
- 提纲设计:为书籍列一个提纲,确保内容的结构合理和连贯性。提纲应该包括以下部分:引言(介绍人工智能教育的背景和重要性)、人工智能教育的基础知识(介绍人工智能的基本概念和技术)、人工智能在教学中的应用(包括智能辅助教学、个性化学习、智能评估等)、案例研究(具体展示人工智能在不同学科和教育环境中的应用案例)、未来展望(探讨人工智能教育的发展趋势和挑战)。

【结果】

文心一言的输出如图 5-18 所示。

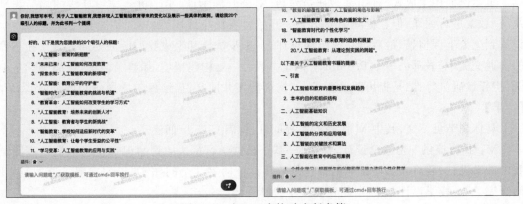

图 5-18 文心一言协助出版书籍

【结论与启示】

通过协助教师出版一本关于人工智能教育的书籍,可以向读者展示人工智能在教育领域的变化和应用案例。这将有助于教育工作者更好地理解和应用人工智能技术,推动教育的创新和发展。

在设计书籍标题时,要注重吸引读者的注意力和兴趣,突出人工智能在教育中的创新和实用性。同时,在书籍的提纲设计中,要确保内容的结构合理和连贯性,包括介绍人工智能教育的基础知识、具体的应用案例和未来的发展趋势。

此外,为了使书籍更具可读性和实用性,可以考虑添加实际案例和教学经验分享,以及对人工智能教育的评价和反思。这将有助于读者更好地理解和应用人工智能教育,促进教育的创新和提高学生的学习效果。

## 5.9　教学质量评估

**案例：Claude 观课、评课**

案例描述：

【背景】

以 ChatGPT 为代表的生成式 AI，能与用户进行聊天交互，生成各种类型的文本内容，帮助用户完成一些任务，提供常用工具等，并且能够逐步学习提高自身智能。强大的自然语言处理和文本生成能力，使得生成式 AI 在各行各业有广泛的应用，其中也包括教育领域。AI 助手在教学设计、资源获取、试卷习题、科研辅助、代码生成、虚拟角色、观课评课等不同的教学应用场景都有显著的贡献。

【问题与任务】

生成式 AI 能很好地扮演教研员的角色，对课程进行观课、评课。但生成式 AI 评课生成的内容质量取决于提问质量，即提示词 Prompt 工程。当我们发现一个 Prompt 可能无法很好表述需求时，可以采用逐步诱导方式，将需求细化为多个 Prompt，这样或许能获得更好的效果。

【分析与对策】

本案例使用生成式 AI 扮演教研员角色，对公开展示课《给予机器学习算法的物品识别系统》教案进行评课，但在提问中并不会一开始就直接生成听课点评，而是逐步从给予教学设计到想象上课情景，最后再完成听课点评，一步步诱导其生成我们所需要的内容。在下面的沟通交流中，教师的多个 Prompt 有两个共性：一是构建情境，如给予教案、给高一学生上课、担任教研员等；二是提出明确要求，如阅读教案并回复、描绘想象场景、500 字点评课程。

【结果】

具体细节见下文，其中 M 代表本人提问，C 代表 Claude 回答。

M：我将提供一份教学设计，标题是《基于机器学习算法的物品识别系统》，请认真阅读我的教学设计，我将在后面让你结合这份教学设计回答几个问题，如果你理解了请回复"我阅读完了"。教学设计如下："此处为教学设计内容（略）。"

C：我阅读完了。

M：如果我使用这份教学设计给高一学生上课，通过这份教学设计，你能想象我上这节课的情景吗？

C：根据这份教学设计，我可以想象您上这节课的大致情景。

（1）您会先让学生观看一个人工智能应用案例视频，引入人工智能和机器学习的概念，让学生对后续的学习内容产生兴趣。

（2）您会出示几个实物，如笔、手机、杯子等，让学生思考人是如何学习认识事物的，引导学生描述人类学习的过程，从而让学生理解机器学习也是一种学习过程，只是学习主体从人变成了机器。

（3）您会让 2~3 名学生上台使用可可乐播平台的"深度学习机器"应用，训练机器识别刚才出示的几个物品。通过实践，让学生体验机器学习的全过程，并结合实践思考机器学习的原理，如数据量的影响等。

（4）您会让学生下载物品图片，运行"物品识别系统"程序进行识别，观察程序识别的效果，并思考程序实现识别的方法。学生需要提交关键的代码及理解，以检验学习效果。

（5）您会引导学生思考"物品识别系统"程序中的大数据模型，让学生进一步理解机器学习算法和大数据的关系。

（6）您还会拓展到介绍百度AI平台的图像识别和API调用，让学生了解更丰富的人工智能应用案例。

（7）最后您会进行教学小结，回顾机器学习的过程、原理和程序体验，强化学生的学习成效。整体来说，这应该是一节较为丰富和活跃的人工智能与机器学习的入门课，学生能较为直观和深入地理解机器学习的相关知识，对学习产生兴趣。让我对这节课的学习情景和体验有一个较为清晰的想象。

M：你分析非常到位，我上课的情景与你分析的差不多。现在请你扮演资深的教研老师，假设你听了我的课，请结合这个上课情景，对我上的这节课进行500字左右的点评。

C：好的，作为资深的教研老师，根据您描述的上课情景，我对这节课的点评如下。

您这节课的设计较为合理和科学，选择典型的人工智能应用案例作为课程引入，可以激发学生的学习兴趣，为后续的学习内容做好铺垫。将人类学习过程与机器学习过程进行比较，这种归纳总结的教学方法容易被学生理解并掌握。这是较好的教学策略之一。

让学生实际操作可可乐播平台进行机器学习训练的实践活动安排得当，这不仅让学生真正体验到机器学习的全流程，也加深了对机器学习原理的理解，如大数据对识别精度的影响等，这部分教学效果显著。

物品识别系统程序的体验及相关代码的分析也使学生对人工智能算法和大数据模型有所认知，但是在这部分可以加强对代码功能的剖析，让学生真正理解程序实现识别的技术细节，不仅停留在界面层面。如果条件允许，可以让学生修改或重写部分代码，加深理解，这可以作为后续提高的方向。

百度AI平台的案例可以丰富学生的人工智能应用知识面，但是由于课时限制，这部分比较仓促，可以在后续课程中继续深化。教学小结比较精炼，但可以对本课的学习内容、收获进行更全面系统的总结回顾。

总体来说，这节课设计精心，教学过程活跃，达到了预定的教学目标，学生对人工智能与机器学习有了比较系统和直观的认知。但是，在物品识别系统程序和人工智能应用案例的教学这两方面，可以进一步加强，让学生从更深层次理解相关技术的实现原理。这些可以作为老师后续提高的空间，进一步优化课程设计。

结果显示，上述Claude构想的上课情境与当时教师的真实上课情况几乎一致，且该教师个人肯定其点评专业、到位。同时，Claude甚至能够从第一课时的教学案例中推测出第二课时的教学任务，即它提出的意见——物品识别系统程序和人工智能应用案例的拓展应用，是该教师预备的第二课时上课内容。

（案例来源：扬帆远水名师工作室 公众号）

【结论与启示】

听课、评课作为教师研修的重要途径之一，是教师专业素养发展的保证，但在现实中，普通教师往往难以获得资历深厚、专业能力强的专家型教师指导，教育大语言模型通过大量数据的深度学习，可以将自身塑造为一位经验丰富的教研员，为教师的教案提供建议，指明不足。

同时,也有教师将教案给 ChatGPT 评价,结果反映效果平平。与 ChatGPT 相比,Claude 在写作和对话方面的能力突出,其给出的答案更向西移动,且交流更加自然,在语言的润色和故事的讲述上,更具创造力和互动性。

## 5.10 总结

教育通用人工智能大模型是近年来备受关注的领域,它在教育领域中具有巨大的潜力和应用前景。上述案例从教、学、管、测、评等多个维度给出了一系列标准用例,以展示教育通用人工智能大模型的价值和影响。

在案例中,我们看到了人工智能语言大模型在学科知识、教学辅助等方面的进步与突破:从教学角度看,教育通用人工智能大模型在教案生成、教学知识点提取、教学参考资料等方面中表现较为突出,生成的内容可以为教师提供一定的帮助和参考价值;从教学辅助角度看,大模型可以作为学生的虚拟导师,以启发式教学方式引导学生自主进行问题探究,也可以作为教师的课堂助理,弥补大班教学中教师角色的欠缺;从心理辅导角度看,教学通用大模型还可以模拟心理导师,解决学生心理上的问题,引导学生健康地成长;从教学评价和教学管理的角度看,大模型能够极大地提高效率,提供个性化的支持与服务。

值得一提的是,教育通用人工智能大模型仍然有所欠缺,如在给予学生心理疏导时,所提出的建议较笼统、普遍,缺乏针对性和人文关怀,难以让学生产生信任感和倾诉欲。此外,对于教育活动参与者来说,教育通用人工智能大模型的定位仍然处在工具阶段,以提问和回答的方式获取特定信息,但这并不是我们的最终定位,后续的发展将会使大模型成为促进教师和学生专业能力发展和情绪情感培养的伙伴,能带来情绪价值,而不仅仅是一个回答机器。

综上所述,教育通用人工智能大模型在教育案例应用上涵盖了教学的各个环节,为教育工作者提供了更多的帮助和支持。同时,我们也要意识到,大语言模型虽然具有强大的智能化和自动化能力,但仍需正确的引导和监督,以确保其应用能够真正服务于教育事业的发展。

# 6 教育通用人工智能大模型标准体系

以 ChatGPT 为代表的通用人工智能大模型对教育产生了深刻影响。如何构建可信、安全、高效、好用的教育通用人工智能大模型,如何建立一个以人为本的人工智能,更好赋能、赋智教育,完善数字教育标准体系,是推进教育数字化,促进教育创新变革和高质量发展的核心议题。基于此,报告提出构建教育通用人工智能大模型标准体系,以规范教育领域内通用人工智能大模型总体框架、构成要素、功能要求、数据集的构建原则、测评框架、安全隐私,以及教学应用要求等。教育通用人工智能大模型系列标准包括总体框架、信息模型、数据规范、测评规范、教学应用要求、接口规范、监管规范、安全伦理与隐私部分,重点介绍前5部分。

## 6.1 总体框架

教育大模型标准体系包括总体标准,信息模型,数据规范,测评规范,教学应用要求,接口规范,监管规范,运行维护规范和安全,安全、伦理与隐私等,如图6-1所示。

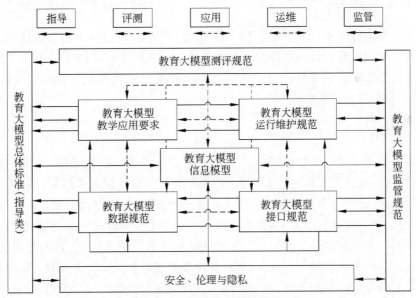

图 6-1 教育大模型标准体系

教育大模型标准体系凸显了教育的系统性、适应性和实用性。在教育大模型标准体系中,各标准规范彼此关联、相互支撑。其中,教育大模型总体标准和教育大模型安全、伦理与隐私指导其他标准,教育大模型测评与评价标准从评测层面与其他标准相关联,而教育大模型监督管理标准从监管层面与其他标准相关联。在复杂的教育系统中,教育大模型标准体系能更好地协调配置教育资源,提高教学效率,推动教育大模型高质量体系的建立。

### 6.1.1 接口规范

教育大模型接口标准规定了接口的数据交换服务与绑定、调用规范等,主要包括平台规范、技术、功能和应用示范指南。接口的标准与规范保障了各环节之间以及整个系统教育数据的融通与共享。教育大模型接口标准包括主要的 API 和参数设置。教育大模型要做到数据同步需要提供从来源端进行抽取、清洗、转换、装载的过程的工具,满足数据基础同步功能,并提供将数据从常见来源端(如数据库、消息等)发布为数据 API 的能力。这包括数据源管理 API、数据集成 API、任务监控管理 API、服务集成 API 和消息集成 API。其中,数据源管理 API 包括数据源的创建、查询、删除等操作;数据集成 API 包括任务的创建、修改、查询、删除、启动等操作;任务监控管理 API 可查询任务的运行信息;服务集成 API 管理相关 API,包括 API 的创建、修改、查询、删除、发布等操作;消息集成 API 管理消息相关 API,包括消息的查询、重发等操作。

### 6.1.2 监管规范

教育大模型监督管理标准是教育大模型在教育管理过程的规范,特别是课堂教育管理,应统一制定发布大数据法律监督管理规范,对访问发现、异常行为、权限和性能进行监督管理,使安全与监控贯穿整个流程,以保证教育数据各个环节的安全性和可控性。

### 6.1.3 运行维护规范

教育大模型运行维护标准贯穿于整个应用、评测和监管流程,为用户提供联系、解答问题和需求的途径。教育大模型需针对教育服务场景建立服务台,接入信息交互、资源调度和服务过程监管等职能。服务台需对服务请求与事件等信息进行记录、跟踪、反馈与统计分析,以便后续进行运维分析和模型改进。

### 6.1.4 安全、伦理与隐私规范

教育大模型需要通过多种传感器采集师生的生理、心理、情感、位置、人际关系、学习行为和认知等数据,包含大量师生个人隐私,故存在个人隐私数据泄露风险,面临诸多潜在安全威胁,需要研究教育大模型在教育应用中的安全、伦理与隐私规范。教育大模型安全规范规定了安全技术、措施和管理方案,其中安全技术规定了数据传递标准,包括数据溯源、可解释性、安全计算、安全存储、密钥服务、细粒度审计和匿名保护等,安全管理方案则侧重以制度规则降低人为因素导致的潜在风险,对各教育系统数据集进行分类并划分数据域,再以不同敏感度确定数据域的安全等级,最后得到所有数据集和子集的安全类别,保障安全技术措施和管理方案的精细化实施。

## 6.2 信息模型

教育通用人工智能大模型信息模型确立了教育领域通用人工智能大模型的基本功能框架,适用于教育领域通用人工智能大模型的设计和实现。

### 6.2.1 模型框架

教育领域大模型是用于实现教育领域多种任务的大规模人工智能模型系统,包括大模型层、应用层、外部工具池、外部智能体和大模型接口层五个模块,如图 6-2 所示。大模型层包含基础大模型层和微调层,微调层指的是用于将大模型微调成特定教育阶段的大模型,有微调策略和特定教育大模型两个部件;应用层基于教育大模型提供的功能完成各种不同的教学任务;外部工具指的是模型调用辅助解决教学任务的外部模块;外部智能体指的是与当前教育大模型交互的其他智能系统;大模型接口层位于应用层与大模型层之间,负责应用层和大模型层之间的数据传递。

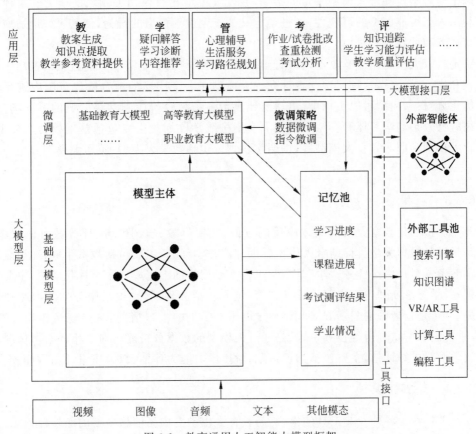

图 6-2 教育通用人工智能大模型框架

### 6.2.2 大模型层

大模型层包括基础大模型层和微调层。基础大模型主体基于并行计算、异构计算、协同计算和存储等能力,将文本、音频、图像、视频等多模态输入数据进行处理,从而得到映射到空间内的离散化特征编码,实现不同模态之间共享信息的对齐,并将大模型编码的离散特征序列在模型内部根据用户的输入以及模态间和模态内的相关性生成输出结果。然后,模型主体将包含多个混合模态的输出结果恢复为可感知的文字、音频、图像、视频信号。模型主体在训练时会收集海量通用领域数据集,高质量的训练数据可以有效提升并保障模型输出结果的可用性和可靠性。教育大模型训练用数据一般应具有完整性、准确性、多样性、一致性、可信性等特点。

记忆池存储了用户使用过程中的历史记录和其他管理信息,包括学生的学习进度、课程进展、考试测评结果和学业情况等信息,用于为基础大模型提供交互过程中的历史信息和管理信息,长期追踪学生、老师和学校的各种情况,缓解大模型长程遗忘问题。

微调层用于优化微调大模型,将其转变成完成特定教育阶段任务的大模型。微调策略是一种用于调整和优化大模型的方法,使其更好地服务于教育领域中的各项任务。微调策略包括数据微调和指令微调两种方式。数据微调指的是收集教育领域相关的知识源,将在海量通用领域数据集上训练的基础大模型训练成可以完成教育领域特定任务的大模型;指令微调是通过给定基础大模型特定的指令,激发大模型在教育相关领域的能力。这种策略主要利用人工智能模型的可塑性,通过预定义的指令引导模型的行为,使其更好地适应特定的教育任务和场景。

特定教育大模型用于解决不同教育阶段或不同学科的特定需求。通过微调策略中的数据微调和指令微调后,这种层次化设计允许大模型在一个广泛的教育阶段范围内进行精细化的优化,使得大模型可以更精准、更深入地满足各个教育阶段和学科领域的不同场景,从而提高教育效果和学习体验。特定教育大模型按照学段划分主要包括基础教育大模型、高等教育大模型和职业教育大模型等,按照学科划分包括数学大模型、英语大模型和生物大模型等。

### 6.2.3 应用层

应用层指的是教育大模型具体应用的方面,主要有教、学、管、考、评等教育应用场景。"教"是指教师根据教学目标结合大模型辅助完成教学任务,主要包括教案生成、知识点提取和教学参考资料提供等任务;"学"是指学生在大模型帮助下完成自主个性化学习,主要包括疑问解答、学习诊断和内容推荐等任务;"管"主要包括心理辅导、生活服务和学习路径规划等任务;"考"是指老师通过考试、评测等方式评估学生的学习情况,主要包括作业/试卷批改、查重检测和考试分析等任务;"评"是通过大模型的数据分析能力对学生的学习情况和老师的教学情况进行评估,主要包括知识追踪、学生学习能力评估、教学质量评估等任务。

### 6.2.4 外部工具池

外部工具池是各种专业工具的集合,为教育大模型提供高信息密度的额外知识源,包括搜索引擎、知识图谱、VR/AR工具、计算工具和编程工具等。搜索引擎通过从互联网中检索出特定信息的方式为大模型提供与需求相关的数据知识源;知识图谱通过高密度的逻辑化结构信息为模型提供相关信息和实体间存在的逻辑关系信息;VR/AR工具用于辅助大模型实现更好的交互体验;计算工具用于解决大模型的数学能力较差的问题;编程工具用于编译并执行大模型生成的代码。

工具调用接口位于大模型层和外部工具池之间,负责大模型层和外部工具之间的数据传递。工具调用接口不关注外部工具的具体功能,只关注工具调用接口的规则和细节。

### 6.2.5 外部智能体

外部智能体指的是基于其他智能模型的系统或实体。当前教育大模型可以与一个或者多个外部智能体进行交互,以完成复杂的教育任务。大模型层与外部智能体的交互通过大模型接口层完成。

### 6.2.6 大模型接口层

大模型接口层位于应用层与大模型层之间。在特定教学应用调用大模型时,接口层负责应用层和大模型层之间的数据传递。大模型接口层不关注具体的应用层功能与实现,只关注大模型接口调用的规则和细节。

当应用层需要调用大模型帮助完成特定任务时,应用层将按照标准封装后的大模型调用指令传递给接口调用层。接收到大模型调用指令后,接口调用层将其处理成指定大模型可以直接识别的数据格式,并传递给大模型。大模型处理数据并将结果返回给接口调用层。接口调用层将收到的结果按照标准格式传递回应用层。

## 6.3 数据规范

教育通用人工智能大模型数据规范规定了教育通用人工智能大模型数据集的构建原则、分类框架和基本模式结构,适用于教育通用人工智能大模型数据集的构建与管理。

### 6.3.1 数据集构建原则

学习内容的多样性:教育大模型数据集应覆盖多样性的学习内容,包括不同学科、主题和难度级别的教育资源,以及教师和学生的生理、心理、行为等多模态数据。这样的数据集可以帮助模型理解和处理各种教育领域的问题和概念。

学习任务的多元化:教育大模型数据集应包含多种学习任务和问题类型,例如阅读理解、数学逻辑问题、语言表达等。这样的多样性可以帮助模型训练在不同学习任务上具有良好表现的能力。

学生群体的多样性:教育大模型数据集应包含来自不同年龄、性别、文化背景和学习能力的学生样本,这样可以确保模型在处理各种学生群体时具有包容性和适应性。

标注的准确性:教育大模型数据集中的标注应准确无误。例如,问题的答案应与教材或参考答案一致,学习资源的标注应正确描述其内容和属性。准确的标注可以提高模型在教育任务上的表现和可信度。

教育领域的专业性:选择专门构建的教育领域数据集可以更好地满足教育任务的要求。这些数据集可能由教育专家、教育机构或相关研究团队创建,能够提供更加专业和针对性的教育样本。

学习过程的动态性:教育大模型数据集应反映学习过程的动态性和变化。例如,可以包含学生在不同时间点的学习行为、心理和生理数据,以便模型能够理解学生的学习轨迹和个性化需求。

数据集的质量:教育大模型数据集应考虑数据的完整性、准确性、一致性、可信性、时效性等。高质量的数据可以有效提升并保障模型运行输出结果的可用性。

数据隐私和保护：在教育领域中，保护学生的数据隐私和个人信息至关重要。在选择和使用教育大模型数据集时，应确保符合相关的隐私法规和保护措施，采取适当的数据脱敏和匿名化技术，以保护学生的隐私权益。

数据集的可用性和共享：教育大模型数据集应易于共享和使用，这将使数据集能够得到广泛使用和分发，有助于促进研究社区的合作和创新，同时也可以提高模型的可复现性和可验证性。例如，应尽可能多地公开数据集，可以通过许可证控制使用范围有限的数据集，并应明确列出使用数据的条款和条件。此外，数据文档应提供有关数据集的详细信息，包括数据类型、数据字典和数据结构等。

### 6.3.2 数据分类框架

教育通用人工智能大模型数据包括 5 个不同的类别，如图 6-3 所示。

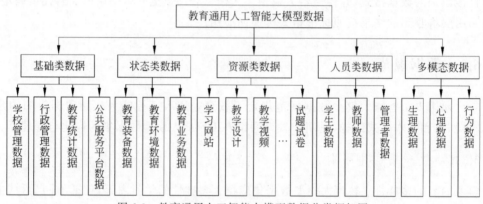

图 6-3 教育通用人工智能大模型数据分类框架图

### 6.3.3 数据集

基础类数据：基础类数据存储国家基础性数据，包括教育部 2012 年发布的 7 个教育管理信息系列标准中提到的所有数据，如学校管理数据、行政管理数据、教育统计数据、公共服务平台数据等。

状态类数据：状态类数据存储各种教育装备、教育环境及教育业务的运行状态信息，如设备的能耗、故障、运行时间、校园空气质量、教室光照、教学进程、学业质量等。

资源类数据：资源类数据存储教育过程建设或生成的各种形态的教学资源，如学习网站、教学设计、教学视频、图片、游戏、教学软件、数字图书馆资源、试题试卷等。除此之外，还包括通用大模型训练数据集，如 CommonCrawl、Wikipedia、Books、Journals、Reddit Links 和其他数据集。

人员类数据：人员类数据存储学生数据、教师数据和管理者数据。其中，教师数据规定了教师的基本信息和要素，包括教师的基本信息、教学活动组织信息、教学资源创建信息、教学效果评价信息等；学生数据规定了学生的信息模型和要素，包括学生的身份标识、学业进程、学习风格、学习能力、知识掌握程度、学习偏好等；管理者数据规定了管理者的信息模型和要素，包括管理者的基本信息、管理行为信息、系统维护行为信息等。

多模态数据：多模态数据存储教师和学生的生理数据、心理数据和行为数据。其中，生理数据包括脑电波、眼动、心率、血压、学习状态、注意力分布等数据；心理数据包括互动对话、情绪感知、面部表情、量表自评报告等数据；行为数据包括动作姿势、操作设备、神态、话语、语调、语速、课堂交互等数据。

### 6.3.4 元数据分类

通用类：对教育通用人工智能大模型数据集进行整体描述的通用信息。

生存期类：与教育通用人工智能大模型数据集的历史和当前状态有关的特征，以及在演化期间已经影响该资源的个人和组织。

元-元数据类：元数据实例本身的信息。

技术类：教育通用人工智能大模型数据集的技术要求和技术特征。

教育类：教育通用人工智能大模型数据集的教育和教学特征。

权利类：教育通用人工智能大模型数据集的知识产权和使用条件。

关联类：教育通用人工智能大模型数据集与其他相关教育资源相互关系的特征。

评注类：对教育通用人工智能大模型数据集在教育使用上的评论、评论者和评论时间。

分类类：教育通用人工智能大模型数据集在特定分类系统中的关系信息。

## 6.4 测评规范

教育通用人工智能大模型测评规范规定了教育通用人工智能大模型的测评框架、测评指标、测评维度和测评方法，适用于教育通用人工智能大模型的基础能力和教学功能的测评。

### 6.4.1 测评框架

教育通用人工智能大模型测评规范规定了一系列用于评估大模型全方面能力的测评指标，综合测试模型本身的自然语言处理能力，模型应用于各教育场景的能力，模型的价值观、安全性和数据合规性等各方面。对以上每个维度的测评，相应需要一个高质量的动态更新的测评数据。图 6-4 是教育通用人工智能大模型测评框架，包括测评指标、测评维度、测评数据集、模型基础能力测评和模型安全风险测评五部分。

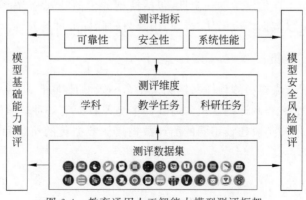

图 6-4 教育通用人工智能大模型测评框架

#### 6.4.2 测评指标

测评指标指的是在进行测评时,衡量模型表现好坏的指标。测评指标根据测评任务,主要分为可靠性、安全性和系统性能三方面。可靠性评测指标包括以下4个。

准确性:模型观测、计算或推测结果与现实世界的真实值的接近程度。可以自动检测和人工评估。自动检测指标包括 Accuracy、Precision、Recall、F1 等,人工可以从相关度、完整度、有效性进行评估。

置信度:模型对其输出结果的信心或确定性的度量。模型可以自动输出。

鲁棒性:模型在输入不变或有噪声(如错别字)情况下维持等效输出的能力。

可解释性:模型对输出信息做出解释、解题步骤或提供输出依据,需要人工评估。

安全指标包括以下两个。

检出率:在评测数据集上,检测出有害内容输出的比率。可以自动测评或人工评估。

拦截率:在评测数据集上,模型成功拦截恶意输入或攻击的比率。可以自动测评或人工评估。

系统性能指标包括系统响应时间、并发路数、处理效率、算力消耗、稳定性和兼容性等。

#### 6.4.3 测评维度

教育通用人工智能大模型测评定义了3个一级测评指标和12个二级测评指标,4个一级测评维度和19个二级测评维度,以及76个三级测评维度。

基础能力测评是在不使用外部知识源的基础上测试模型内在的知识能力。这些能力包括理解能力、生成能力、常识认知能力、推理能力等。本部分可以依据相应团体、行业、国家与国际标准进行测评。

学科测评指的是以学科为划分的教学测评。目前仅测评基础教育的语文、数学和英语学科,其他学科将在后续版本中补充。

教学任务测评是根据教育大模型的应用场景划分的教学任务,以教、学、管、评、考等场景和相应的具体应用进行测评。

教育大模型可以服务于多种科研任务,包括国内外研究综述、论文翻译、数据收集、实体识别、分类等,科研任务测评不在本文件中进行规定。

安全风险测评用于评估模型的安全性,包括模型的价值观安全、内容安全、模型安全和数据安全。本部分可以依据相应团体、行业、国家与国际标准进行测评。

#### 6.4.4 测评数据集

教育通用人工智能大模型测评一共定义了4个一级测评维度、19个二级测评维度和76个三级测评维度,每个三级测评维度至少需要一个测评数据集。对教学任务这个测评维度,还需要分不同学科、不同学段建设不同的测评数据集。数据集的质量和规模大小会影响到测评性能。

#### 6.4.5 测评方法

6.4.2节中大部分测评指标都支持自动化测评,部分内容生成的测评需要人工测评或人机混合测评。人工测评需要培训过的专业人员,按照正规的测评流程进行。6.4.2节中准确性的人工测评指标包括相关度、完整度和有效性,这些测评指标需要根据不同的测评任务给出细分评价标准。

除了系统性能测评指标,所有三级测评指标的取值都在0~1范围。测评结果可以有两种方式:一是测评报告,包括各个细分三级指标测评结果;二是综合评分,对四个一级测评维度和系统性能测评进行加权线性组合而成(取值范围在0~100)。

## 6.5　教学应用要求

教育大模型应用标准是教育大模型应用过程的规范,从应用丰富度和应用成熟度两个维度指导教育大模型在教育中应用,围绕教育行业覆盖度、场景适配度、任务支持度、效果优越性、服务可靠性和定制服务制定课堂教育的应用场景。

# 7 教育通用人工智能大模型标准体系的建设方案

教育通用人工智能大模型标准体系的建设方案从实施层面为教育领域的人工智能应用标准体系建设提供指南,充分推动教育人工智能水平实现跨越式提升。本方案将以"学生为中心、技术为支撑、需求为导向、质量为根本"为指导思想,厘清标准体系建设的工作机制与原则,同时从全生命周期的角度合理规划六个持续迭代完善的建设阶段,保证教育通用人工智能大模型标准体系标准的科学性、规范性和实用性,以满足不断变化的教育需求。

## 7.1 指导思想

教育通用人工智能大模型标准体系的建设旨在推动人工智能在教育领域的应用和发展,确保教育人工智能技术的可信度、可用性和可持续发展。该标准体系本着"学生为中心、技术为支撑、需求为导向、质量为根本"的方针,依托专业机构和相关利益相关者的协同合作,通过预研、规划、制定、验证、培训和推广等阶段的有机衔接,建立起完善的教育通用人工智能大模型标准体系,为教育人工智能技术的应用提供规范和指导。

## 7.2 建设阶段规划

教育通用人工智能大模型标准体系的建设是一个持续的过程。总体而言,教育通用人工智能大模型标准体系建设从全生命周期的角度划分为六大阶段:体系预研阶段、体系规划阶段、标准制定阶段、试用验证阶段、培训贯标阶段、应用推广阶段。

需要说明的是,这六个阶段不是简单的顺序关系,而是迭代式的,不断地循环往复,持续完善。

### 7.2.1 体系预研阶段

对教育通用人工智能大模型相关技术及标准现状、内容、趋势进行研究分析,并调研和分析教育通用人工智能大模型产业发展现状、问题、需求、趋势,初步明确教育通用人工智能大模型标准体系的建设背景和目标。

此阶段的主要责任组织是我国的标准化机构。标准化机构充分联合国内用户单位、各类厂商和第三方机构,广泛开展标准需求调研。同时,标准化机构负责与信息技术领域相关的国际标准组织(如 ISO/IEC、JTC1/SC36 等)以及国际协会组织在教育通用人工智能大模型标准工作上保持沟通与协调。

### 7.2.2 体系规划阶段

基于体系预研阶段的成果,明确提出教育通用人工智能大模型标准体系建设背景、目标和路线图,这一阶段的主要目标是规划出教育通用人工智能大模型标准体系、组织建设教育通用人工智能大模型标准化工作机制与组织方式、建立标准研究制定的工作平台。通过召开专家研讨会、行业论坛等形式,广泛征求各方意见和建议,形成初步的体系规划方案。

此阶段的主要责任组织是我国的标准化机构,但须协调我国用户单位、各类厂商、科研机构等各方面力量共同参与,以保证体系规划的全面性、系统性、实用性、先进性、可扩充性。此部分的规划,要积极与国际标准组织 ISO/IEC、JTC1/SC36 在教育通用人工智能大模型标准工作上保持沟通和协调。

### 7.2.3　标准制定阶段

基于体系规划阶段确立的教育通用人工智能大模型标准体系,组织制定具体的教育通用人工智能大模型国家标准、行业标准、地方标准及企业标准。在标准制定阶段,坚持基础技术类标准先行,并进一步支撑和服务行业应用类标准(如安全标准、管理标准、隐私保护标准等)的制定。在制定标准过程中,应充分考虑教育场景的特殊性和多样性,确保标准的可操作性和实用性。

此阶段的主要责任组织是我国信息化领域的各类教育通用人工智能大模型标准工作组。教育通用人工智能大模型标准工作组包括全国信息技术标准化技术委员会教育分委会教育通用人工智能大模型标准工作组和各行业主管部门/行业标准化技术委员会设置的相关教育通用人工智能大模型标准工作组两类。教育通用人工智能大模型标准工作组遵循我国的标准化法及标准工作组管理要求,采取开放的方式开展工作。工作组的构成以企业为主导,广泛协调"产学研用"各方面力量参与和协作。此部分的标准项目成果,要积极贡献至国际标准组织 ISO/IEC、JTC1/SC36 在教育通用人工智能大模型标准工作中。

### 7.2.4　试用验证阶段

基于标准制定阶段的教育通用人工智能大模型标准工作目标、内容及应用对象,结合标准研制实际进展和教育通用人工智能大模型标准应用需求,开发相应的标准应用及验证工具,选择代表性的教育场景和应用案例,验证教育通用人工智能大模型标准的适用性,实现标准的试用验证和评估,收集用户反馈和意见。通过试用验证的结果,对标准进行修订和完善,确保其适应实际需求和应用环境,并进一步推行与工程应用密切结合的标准试行方式。

此阶段的主要责任组织是厂商、用户单位、标准化机构,其中标准化机构必须提供教育通用人工智能大模型标准的试用验证环境和手段,以支撑厂商及用户开展相关教育通用人工智能大模型标准的试用验证工作,并将试用的效果和建议反馈至标准制定组织及标准化机构中,以修正和完善教育通用人工智能大模型标准体系和相关教育通用人工智能大模型标准。

### 7.2.5　培训贯标阶段

基于前期各阶段所规划的教育通用人工智能大模型标准体系及所制定的各项具体标准,针对相关应用单位及个人,通过行业会议、培训班、媒体宣传等方式组织开展标准的宣贯、培训工作。

此阶段的主要责任组织是厂商和用户单位,教育通用人工智能大模型标准体系相关的标准化机构应提供培训所需的环境、教材,并将培训中的问题和建议反馈至教育通用人工智能大模型标准体系规划和制定阶段,以不断优化教育通用人工智能大模型标准体系和相关标准。

#### 7.2.6 应用推广阶段

建立标准符合性认证检测机制和标准实施机制,在教育通用人工智能大模型产品研发中全面应用标准,并根据实际应用情况不断完善教育通用人工智能大模型标准体系及具体标准。

此阶段的主要责任组织是厂商和行业用户单位,教育通用人工智能大模型相关的标准化机构应提供教育通用人工智能大模型标准实施所需的测试认证环境及标准咨询服务,以保障教育通用人工智能大模型工程或软件产品的总体规划和实施,并将教育通用人工智能大模型在实际应用中的情况反馈给体系规划阶段、标准制定阶段、使用验证阶段、培训贯标阶段,以不断完善我国的教育通用人工智能大模型标准体系。

### 7.3 工作机制及原则

教育通用人工智能大模型标准体系建设将遵循下述工作机制及原则,并在体系预研、体系规划、标准制定、试用验证、培训贯标、应用推广等阶段贯彻落实。

在工作机制方面,采取基于"产学研用"开放协作的工作方式,在全国信息技术标准化技术委员会教育分委会组建教育通用人工智能大模型标准工作组,并由相关行业主管部门或标准制定机构组建相关教育通用人工智能大模型标准项目工作组,坚持以企业为主导,充分发挥各方面的技术优势和积极性,有效利用现有标准资源和标准化成果,为教育通用人工智能大模型标准体系建设各阶段工作提供有力的保障,建立教育通用人工智能大模型标准工作平台,以保障教育通用人工智能大模型标准工作的广泛参与性,加强标准制定全周期的项目管理和文档管理,提高标准的质量。

在组织分工上,由全国信息技术标准化技术委员会教育分委会教育通用人工智能大模型标准工作组承担通用技术标准的制定工作,包括教育通用人工智能大模型标准体系中的通用技术标准、数据标准、安全标准、管理标准、隐私保护标准等。

标准的研究与制定工作遵循"应用导向、基础优先、急用优先、协调统一"的工作原则来开展。

在教育通用人工智能大模型标准体系的工作原则方面,综合考虑以下原则。

- 统筹规划,广泛互动:充分考虑各方需求,积极与利益相关者进行广泛互动和合作。
- 突出重点,狠抓关键:重点解决关键技术和标准缺失问题,确保标准的实用性和有效性。
- 急用先上,循序渐进:根据实际需求,优先制定满足紧急需求的标准,并逐步完善和扩展标准体系。
- 借鉴世情,自主开发:制定标准时,借鉴国内外的最佳实践和经验,同时注重自主创新和适应本土教育环境的特殊需求。
- 强化实施,提供服务:加强标准的实施和执行力度,确保标准得到有效应用。为用户提供相关服务和支持,包括测试认证环境、咨询服务等,促进标准得到广泛使用和推广。

通过以上工作机制和原则的贯彻落实,保证教育通用人工智能大模型标准体系的科学性、规范性和实用性,推动教育人工智能技术的发展与应用,并不断完善标准体系,以适应教育领域的变化和需求。

# 附　　录

## 附录 A　国内公司（单位）的大模型汇总简表

表 A-1　国内通用人工智能大模型汇总简表

| 公司 | 大模型名称 | 技术框架与参数 | | | | 产品与服务功能 | 大模型特色 | 教育场景与案例 |
|---|---|---|---|---|---|---|---|---|
| | | 基座模型 | NLP大模型 | CV大模型 | 跨模态大模型 | | | |
| 阿里云公司 | 通义大模型 | 未授权披露 | √ | √ | √ | 通义千问已经能够为行业客户提供 API 服务 | 大量的训练数据；强大的语言生成能力；广泛的应用场景；强大的学习和适应能力 | 阿里云正在与各行各业开展大模型的合作试点，针对教育场景的案例尚未正式推出，敬请大家期待 |
| 北京百度网讯科技有限公司 | 百度文心大模型 | 百度产业级深度学习平台飞桨（Paddle Paddle） | √ | √ | √ | 大模型套件；AI 开发平台；大模型 API；场景化产品 | 百度具有「芯片-框架-模型-应用」四层技术栈独特优势；覆盖文本、视觉、跨模态；在应用实践中建立起完备的模型体系与产品矩阵；已形成企业、教育、社区三位一体的大模型生态 | 为教师教学提供多形态的帮助和服务；为学生提供多种形态的帮助与服务；大模型实训平台；大模型人才培养；大模型课程升级；大模型师资培养；大模型主题竞赛；大模型主题活动 |
| 北京世纪好未来教育科技有限公司 | MathGPT大模型 | 保密要求，暂不便提供 | √ | — | — | AI 导师 | 题目解法正确；题目解题步骤稳定、清晰；解题要讲得有趣、个性化，学习体验友好 | 暂未开放使用 |
| 复旦大学 | MOSS大模型 | 基座模型以Transformer为基座进行中文和英文的预训练 | √ | — | √ | 可执行对话生成、编程、事实问答等一系列任务，并可以使用搜索引擎、图像生成、计算器、方程求解器等插件工具 | 可使用 Calculator、Equation Solver、Text-to-image 与 Web Search 四种插件；进行了无害性的微调 | 个性化辅导；作业和研究帮助；语言学习；编程教学；模拟教学对话；创建教育内容 |

续表

| 公司 | 大模型名称 | 技术框架与参数 | | | | 产品与服务功能 | 大模型特色 | 教育场景与案例 |
|---|---|---|---|---|---|---|---|---|
| | | 基座模型 | NLP大模型 | CV大模型 | 跨模态大模型 | | | |
| 华东师范大学 | EduChat大模型 | 基于Baichuan、Qwen大模型，包括7B和13B | ✓ | — | — | 自动出题；情感支持；课程辅导；高考咨询 | 百亿/千亿级中文智能教育语料库；具备个性化引导式数学教学和学生心理评估功能，以及专业领域适配能力；基于教育语料和教育指令数据进行多步微调优化，基于心理学专家和一线教师反馈进行价值观对齐 | 情感支持；作文批改；引导式教学 |
| 华为技术有限公司 | 盘古大模型 | 全自研异构硬件，鲲鹏＋昇腾＋RoCE＋UB | ✓ | ✓ | ✓ | L0：通用大模型；L1：行业大模型；L2：细分场景大模型 | 低门槛开发；泛化性和鲁棒性；高效标注样本；小样本和零样本；解决模型碎片化问题 | 气象预测；药物研究 |
| 科大讯飞股份有限公司 | 讯飞星火大模型 | 参数量：千亿级 | ✓ | — | ✓ | 在PC端、安卓、iOS、H5端均提供开放服务；在语言理解、知识问答、逻辑推理、数学解答、代码理解与编写、图像描述及问答、文图生成等功能上，提供语音/文本/图像等多种人机交互方式 | 整体特色为"1＋N"体系。其中，"1"是指通用认知智能大模型；"N"就是大模型在教育、办公、汽车、人机交互等各领域的落地 | 1. 教师助手<br>2. 智能批改<br>3. 心理辅导<br>4. 科学教育<br>5. 语言学习<br>6. 科研助手<br>7. 平台应用：数字基座助手智能搜索引擎 |

续表

| 公司 | 大模型名称 | 技术框架与参数 | | | | 产品与服务功能 | 大模型特色 | 教育场景与案例 |
|---|---|---|---|---|---|---|---|---|
| | | 基座模型 | NLP大模型 | CV大模型 | 跨模态大模型 | | | |
| 上海交通大学、思必驰科技股份有限公司 | 东风大模型 | 基于DFM-2-base的语言模型（参数量：百亿级） | ✓ | — | ✓ | 作为二代升级版，DFM-2大模型具备较完善的规划能力、插件能力、创作能力、推理能力、阅读理解等能力 | DFM-2大模型聚焦于专业、专注、专用三大特点，基于思必驰DUI开放平台，将DFM-2大模型的能力与各场景的解决方案相融合 | 中小学相关知识的智能问答；题目解答；基于大模型的教师批改辅助；口语对练 |
| 商汤科技公司 | 日日新大模型 | 自研1800亿参数中文语言大模型、320亿参数视觉大模型和30亿参数规模的多模态多任务通用大模型"书生（Intern）2.5" | ✓ | ✓ | ✓ | 语言大模型"商量"；"秒画"文生图创作平台；"如影"AI数字人视频生成平台；"琼宇"和"格物"3D内容生成平台 | 协助处理大量文案工作，提高企业员工的生产效率；扮演不同的企业角色，进行顺畅的交流和互动，提升客户体验；实现更智能化的知识库管理；AI代码助手 | 学校教育；培训机构；家庭教育 |
| 网易有道信息技术（北京）有限公司 | 子曰大模型 | 子曰 | ✓ | — | ✓ | 有道"子曰"大模型提供语义理解和知识表达的基础能力；有道口语产品；有道作文产品；有道英语答疑产品 | 强大的语言模型；定制化的技术方案和产品解决方案；集成多学科知识和海量数据；兼具普适性和针对性 | 口语练习；作文练习；智能问答 |
| 西安交通大学 | "智察"大模型 | 采用LLaMA作为基座模型 | ✓ | — | ✓ | "智察"大模型具有内容解析、问题回答、问题生成，以及自动纠错功能 | 侧重如图表、几何以及物理等多种类示意图的语义理解与分析；个性化导学功能；融合了社会学、物理学、文学等多个学科以及多个领域的知识 | 自动试题生成；智能答疑；教学助手等 |

续表

| 公司 | 大模型名称 | 技术框架与参数 | | | | 产品与服务功能 | 大模型特色 | 教育场景与案例 |
|---|---|---|---|---|---|---|---|---|
| | | 基座模型 | NLP大模型 | CV大模型 | 跨模态大模型 | | | |
| 新华三技术有限公司 | 百业灵犀 | √ | √ | √ | √ | 百业灵犀LinSeer私域大模型＋新华三ICT算力基础架构＋大模型使能平台＋训练微调推理专家服务＋集成服务 | 私域定制；性能更优；结果更准确；弹性扩展 | AI学伴；个性化教学；智能评估；学习资源智能推荐；智能辅导；自动教案设计 |

备注：基座模型是指基础的通用大模型，如百度 PaddlePaddle、华为 MindSpore、Meta PyTorch、谷歌 TensorFlow；以及通过训练得到某种教育通用人工智能大模型而选用的已有通用人工智能大模型，如 GPT-3.5、LLaMA 等。

## 附录 B　国外公司（单位）的大模型汇总简表

表 B-1　国外通用人工智能大模型汇总简表

| 公司 | 大模型名称 | 技术框架与参数 | | | | 产品与服务功能 | 大模型特色 | 教育场景与案例 |
|---|---|---|---|---|---|---|---|---|
| | | 基座模型 | NLP大模型 | CV大模型 | 跨模态大模型 | | | |
| OpenAI | ChatGPT | Generative Pre-trained Transformer 3.5 | √ | — | √ | 文本编辑、编程、翻译、算术 | 支持连续对话、可质疑、主动认错误、加入 RLHF 训练范式 | 助力个性化教育、协助教师发展 |
| Google | Gemini | LaMDA | √ | √ | √ | 将加入 ChromeOS 为搜索引擎，通过主流插件提供额外功能 | 可以访问互联网，集成各种 Google 服务，可以通过链接阅读图片 | 集中在数学计算、编程问题等理科领域和 AI 写作练习等文科领域 |
| Anthropic | Claude | Anthropic LM | √ | — | — | 较 ChatGPT 文本编辑更长且自然 | 题目解法正确；题目解题步骤稳定、清晰；解题要讲得有趣、个性化，学习体验友好 | 可以根据用户的水平和目标提供个性化的教学内容，并且可以与用户进行问答和评估 |
| Meta AI | LLaMA | Open Pre-trained Transformer | √ | √ | √ | 通过完全在公开可用的数据上进行训练，LLaMA 有可能达到最先进的性能，而不需要求助于专有的数据集，这有助于提高鲁棒性和减少已知的问题，如毒性和偏见 | 相比 GPT-3 要小，但 LLaMA-13B 在大多数基准测试中都优于 GPT-3，并且可以在单个 V100 GPU 上运行 | LLaMA 更准确地生成代码和解决数学问题，更进一步地，Meta AI 的跨模态大模型能利用已有的模型，如 LLaMA、SAM 等，进行更多模态的扩展 |
| 微软英伟达 | Megatron-Turing | Open Pre-trained Transformer | √ | — | — | 主要提供的是 NLP 领域的服务，如阅读理解、常识论证、自然语言推理、词义消歧等 | 通过研究者特别构建的高质量的自然语言训练语料库训练而成，这对模型的表现有巨大帮助 | 无特定的教育场景与案例 |

续表

| 公司 | 大模型名称 | 技术框架与参数 | | | | 产品与服务功能 | 大模型特色 | 教育场景与案例 |
| --- | --- | --- | --- | --- | --- | --- | --- | --- |
| | | 基座模型 | NLP大模型 | CV大模型 | 跨模态大模型 | | | |
| 美国Stanford | Alpaca | LLaMA 7B | ✓ | — | — | Alpaca的发布旨在促进学术界对Instruction-Following语言模型的研究，并提供一种基础模型，以便研究其存在的问题 | 提供了一个相对轻量级的模型，它可以在移动设备上运行，易于部署，成本低但性能高 | Alpaca的提出主要是为了便于学术界开展对Instruction-Following语言模型的研究。由于其在自然语言处理等方面的出色表现，Alpaca可以用来辅助教学 |
| 法国BigScience | BLOOM | Open Pre-trained Transformer | ✓ | — | — | 从各个角度调查了数据集和模型：偏见、社会影响、能力、局限性、伦理、潜在改进、特定领域表现、碳影响、一般人工智能/认知研究前景 | 模型在自建的数据集上进行训练，该数据集的构建由诸多考虑因素驱动 | BLOOM及其数据集的行为和能力由BigScience项目的目标和价值观指导。BLOOM可以作为一个指令遵循模型执行一般的文本任务，这些任务不一定是其训练的一部分 |
| 非营利性开源研究组织Eleuther AI | GPT-Neo(X) | GPT-3 | ✓ | — | — | 自然语言处理任务 | 世界上同类模型中最大、性能最好的模型之一，可免费公开获得 | 无特定的教育场景与案例，不过，由于其在自然语言处理任务上的性能，在教育领域也可以通过在线问答、辅导答疑、人机对话等方式辅助教学 |
| 德国Aleph Alpha | Luminous | Luminous | ✓ | ✓ | ✓ | Luminous提供文本生成、文本缩写等传统任务和OCR、目标检测、看图问答、图片概括、图片比较等多模态服务 | 更保护安全和隐私，支持直接的文本和图片的组合输入和输出 | 无特定的教育场景与案例，不过其多模态性能、安全性以及对用户隐私的高度保护十分适合教学领域试卷批改等任务的要求 |

续表

| 公司 | 大模型名称 | 技术框架与参数 | | | | 产品与服务功能 | 大模型特色 | 教育场景与案例 |
|---|---|---|---|---|---|---|---|---|
| | | 基座模型 | NLP大模型 | CV大模型 | 跨模态大模型 | | | |
| 英国DeepMind | Sparrow | Dialogue Prompted Chinchilla 70B（DPC） | √ | — | — | 可以与用户交谈，回答问题，并在必要的时候使用谷歌查找证据，解释其回复。DeepMind将考虑未来发布Sparrow的私人测试版 | 以对话为载体完成回复生成，关注的目标是产生有用、准确并且无害的回复，因而比其他语言模型更不可能给出"不安全"或"不恰当"的答案 | 亮点在于其安全性方面，在教育领域，它可以避免回答对受教育者产生误导或不良引导的问题 |
| 以色列A21 Labs | Jurassic-1 Jumbo | RKL模块化推理、知识和语言系统 | √ | — | — | 可以构建虚拟代理和聊天机器人等应用程序原型。Jurassic还能用于文本释义、文本总结、新闻分类，并支持开发者自行训练 | 兼顾神经模型和符号推理能力 | Jurassic在数学运算等大模型痛点上有不俗表现，可用来辅助数学教学 |
| 韩国Naver | Hyper CLOVA | 暂无公开 | √ | — | — | 在韩语领域的文本生成 | 提升韩语模型性能 | 应用范围较窄，无特殊教育应用案例 |
| 俄罗斯Yandex | YaLM | Generative Pre-trained Transformer | √ | — | — | 生成和处理文本 | 采用Apache 2.0授权，同时允许研究及商业免费使用 | 无特殊教育应用案例 |

## 附录 C 教育通用人工智能大模型标准化工作

教育通用人工智能大模型标准化工作欢迎各界相关组织和人员参与,包括各类企事业单位、大学院校、第三方机构及个人,参与标准的方式分为如下两类。

1. 成为全国信息技术标准化技术委员会教育分委会教育通用人工智能大模型标准工作组成员

任何具有独立法人资格的单位均可申请成为成员。未在大陆注册、商标原注册地在国外、由外资控股的单位,仅可申请成为观察成员。申请单位在阅读《教育通用人工智能大模型标准工作组章程》后可向秘书处提交《教育通用人工智能大模型标准工作组成员申请表》,经教育通用人工智能大模型标准工作组审核通过后成为成员。成员单位可参与教育通用人工智能大模型标准工作组内相关教育通用人工智能大模型国家标准项目的起草工作。

联系人1:吴永和 华东师范大学教育信息技术学系及上海数字化教育装备工程技术研究中心
联系方式:021-62234523  yhwu@deit.ecnu.edu.cn

联系人2:申丽萍 上海交通大学计算机学院
联系方式:010-67948952  yuyt@cesi.cn

2. 与教育通用人工智能大模型专题组建立战略合作关系

各类企事业单位、大学院校、第三方机构,均可与教育通用人工智能大模型专题组沟通获取最新可对外公布的教育通用人工智能大模型标准资料,并对本研究报告做出反馈。

有意愿深入合作的单位或机构,可与教育通用人工智能大模型专题组建立战略合作关系,通过与教育通用人工智能大模型专题组沟通、双方签署战略合作协议后,可参与教育通用人工智能大模型标准的各项工作及活动。

联系人1:吴永和 华东师范大学教育信息技术学系及上海数字化教育装备工程技术研究中心
联系方式:021-32513094  yhwu@deit.ecnu.edu.cn

联系人2:申丽萍 上海交通大学计算机学院
联系方式:010-67948952  yuyt@cesi.cn

# 附录 D  目前教育通用人工智能大模型标准专题组成员单位名单

表 D-1  参与教育通用人工智能大模型标准专题组成员单位名单

| | | | |
|---|---|---|---|
| 1 | 华东师范大学 | 16 | 北京高思博乐教育科技股份有限公司 |
| 2 | 上海交通大学 | 17 | 成都康赛信息技术有限公司 |
| 3 | 清华大学 | 18 | 作业帮教育科技公司 |
| 4 | 北京邮电大学 | 19 | 年华数据科技有限公司 |
| 5 | 华中师范大学 | 20 | 江苏师范大学 |
| 6 | 西安交通大学 | 21 | 中国科学技术大学 |
| 7 | 百度网讯科技有限公司 | 22 | 广东科学技术职业学院 |
| 8 | 科大讯飞股份有限公司 | 23 | 第四范式(北京)技术有限公司 |
| 9 | 华为技术有限公司 | 24 | 广西蓝色畅想教育服务有限公司 |
| 10 | 江苏中教科信息技术有限公司 | 25 | 新云网科技集团股份有限公司 |
| 11 | 新华三技术有限公司 | 26 | 山东悦知教育科技有限公司 |
| 12 | 阿里云计算有限公司 | 27 | 国家开放大学 |
| 13 | 北京世纪好未来教育科技有限公司 | 28 | 青岛伟东云教育集团有限公司 |
| 14 | 网易有道信息技术(北京)有限公司 | 29 | 北京市第二十中学 |
| 15 | 北京聪明核桃教育科技有限公司 | | |

# 参 考 文 献

[1] 中国教育报. 数字化浪潮中,我们携手乘风破浪——2022 国际人工智能与教育会议观察[EB/OL]. (2022-12-07)[2023-06-25]. https://baijiahao.baidu.com/s?id=1751526982839835114&wfr=spider&for=pc.

[2] 中华人民共和国教育部. 引导人工智能赋能教师 引领教学智能升级 2022 国际人工智能与教育会议开幕[EB/OL]. (2022-12-05)[2023-06-26]. http://www.moe.gov.cn/jyb_zzjg/huodong/202212/t20221205_1021972.html.

[3] 联合国教科文组织. 生成式人工智能突飞猛进,教科文组织动员教育界协调应对[EB/OL]. (2023-05-26)[2023-06-25]. https://news.un.org/zh/story/2023/05/1118307.

[4] 中国信息通信研究院. 人工智能白皮书(2022)[EB/OL]. (2022-05-10)[2023-07-06]. http://www.caict.ac.cn/english/research/whitepapers/202205/P020220510506258498240.pdf.

[5] 黄月丽. 人工智能对社会变革的影响[J]. 科技传播,2019,11(04):104-105.

[6] 祝智庭,韩中美,黄昌勤. 教育人工智能(eAI):人本人工智能的新范式[J]. 电化教育研究,2021,42(01):5-15.

[7] HEAVEN W D. 2021 was the year of monster AI models[EB/OL]. (2021-12-21)[2022-07-01]. https://www.technologyreview.com/2021/12/21/1042835/2021-was-the-year-of-monster-ai-models/.

[8] ALVI A, KHARYA P. Using DeepSpeed and Megatron to Train Megatron-Turing NLG 530B, the World's Largest and Most Powerful Generative Language Model[EB/OL]. (2021-11-11)[2022-07-01]. https://www.microsoft.com/en-us/research/blog/using-deepspeed-and-megatron-to-train-megatron-turing-nlg-530b-the-worlds-largest-and-most-powerful-generative-language-model/.

[9] 华东政法大学政治学研究院,华东政法大学人工智能与大数据指数研究院.《人工智能通用大模型(ChatGPT)的进展、风险与应对》研究报告[R]. 上海:华东政法大学,2023.

[10] YUAN S, ZHAO H, ZHAO S, et al. A roadmap for big model[J]. arXiv preprint arXiv:2203.14101,2022.

[11] RAYAPROLU A, DEFENSOR G. How Much Data Is Created Every Day in 2023? [EB/OL]. (2023-07-04)[2023-07-03]. https://techjury.net/blog/how-much-data-is-created-every-day/.

[12] Now Institute. ChatGPT And More: Large Scale AI Models Entrench Big Tech Power[EB/OL]. (2023-04-11)[2023-06-30]. https://ainowinstitute.org/publication/large-scale-ai-models.

[13] See the Center for Research on Foundation Models, Stanford University.

[14] See Sam Altman, "Planning for AGI and beyond", March 2023.

[15] "Proposal for a Regulation of the European Parliament and of the Council Laying Down Harmonised Rules on Artificial Intelligence (Artificial Intelligence Act) and Amending Certain Union Legislative Acts - General Approach," November 25, 2022.

[16] IDC. 2022 中国大模型发展白皮书[R]. 北京,2022.

[17] 全国人大. 中华人民共和国国民经济和社会发展第十四个五年规划和 2035 年远景目标纲要[EB/OL]. (2021-03-13)[2023-06-25]. https://www.gov.cn/xinwen/2021-03/13/content_5592681.htm.

[18] 国务院. 国务院关于印发《新一代人工智能发展规划》的通知[EB/OL]. (2017-07-08)[2023-06-25]. https://www.gov.cn/zhengce/content/2017-07/20/content_5211996.htm.

[19] 国家标准化管理委员会,中央网信办,国家发展改革委,科技部,工业和信息化部. 关于印发《国家新一代人工智能标准体系建设指南》的通知[EB/OL]. (2020-07-27)[2023-06-25]. https://www.gov.cn/zhengce/zhengceku/2020-08/09/content_5533454.htm.

[20] 华东师范大学. EduChat[EB/OL]. (2023-06-01)[2023-07-01]. https://www.educhat.top/#/.

[21] 新一代人工智能治理专业委员会.《新一代人工智能伦理规范》发布[EB/OL].(2021-09-26)[2023-06-25]. https://www.most.gov.cn/kjbgz/202109/t20210926_177063.html.

[22] 科技部.关于支持建设新一代人工智能示范应用场景的通知[EB/OL].(2022-08-12)[2023-06-25]. https://www.gov.cn/zhengce/zhengceku/2022-08/15/content_5705450.htm.

[23] 科技部等六部门.关于印发《关于加快场景创新以人工智能高水平应用促进经济高质量发展的指导意见》的通知[EB/OL].(2022-07-29)[2023-06-25]. https://www.gov.cn/zhengce/zhengceku/2022-08/12/content_ 5705154.htm.

[24] 中共中央,国务院.中共中央 国务院印发《数字中国建设整体布局规划》[EB/OL].(2023-02-27)[2023-06-25]. https://www.gov.cn/xinwen/2023-02/27/content_5743484.htm.

[25] 北京市人民政府.关于印发《北京市促进通用人工智能创新发展的若干措施》的通知[EB/OL].(2023-05-30)[2023-06-25]. https://www.beijing.gov.cn/zhengce/zhengcefagui/202305/t20230530_3116869.html.

[26] 上海市人民政府.上海市加大力度支持民间投资发展若干政策措施[EB/OL].(2023-05-30)[2023-06-25]. https://www.shanghai.gov.cn/gwk/search/content/416411e6f22f42b4975c754c05c545a5.

[27] 深圳市人民政府.深圳出台人工智能高质量发展高水平应用行动方案[EB/OL].(2023-05-31)[2023-06-25]. http://www.sz.gov.cn/cn/ydmh/zwdt/content/post_10623376.html.

[28] 国家互联网信息办公室.生成式人工智能服务管理暂行办法[EB/OL].(2023-07-10)[2023-08-15]. https://www.gov.cn/zhengce/zhengceku/202307/content_6891752.htm.

[29] 重庆市经济和信息化委员会.关于印发重庆市以场景驱动人工智能产业高质量发展行动计划(2023—2025年)的通知[EB/OL].(2023-07-25)[2023-08-15].

[30] https://jjxxw.cq.gov.cn/zwgk_213/zcwj/qtwj/202307/t20230725_12182809.html.

[31] 全国信息安全标准化技术委员会秘书处.关于发布《网络安全标准实践指南——生成式人工智能服务内容标识方法》的通知[EB/OL].(2023-08-25)[2023-12-25]. https://www.tc260.org.cn/front/postDetail.html? id=20230825190345.

[32] 工业和信息化部,财政部.关于印发电子信息制造业2023—2024年稳增长行动方案的通知[EB/OL].(2023-08-10)[2023-12-25]. https://www.gov.cn/zhengce/zhengceku/202309/content_6902443.htm.

[33] 中国网信网.全球人工智能治理倡议.[EB/OL].(2023-10-18)[2023-12-25]. http://www.cac.gov.cn/2023-10/18/c_1699291032884978.htm.

[34] 深圳市人民政府.深圳出台人工智能高质量发展高水平应用行动方案[EB/OL].(2023-05-31)[2023-12-25]. https://www.gov.cn/lianbo/bumen/202401/content_6924380.htm.

[35] 赵志耘.中国人工智能大模型地图研究报告[R].北京:新一代人工智能发展研究中心,2023.

[36] 华东政法大学政治学研究院,华东政法大学人工智能与大数据指数研究院.《人工智能通用大模型(ChatGPT)的进展、风险与应对》研究报告[R].上海:华东政法大学,2023.

[37] 德邦证券.AIGC专题四:国内外大模型和AI应用梳理[EB/OL].(2023-05-19)[2024-12-28]. https://pdf.dfcfw.com/pdf/H3_AP202305221587037361_1.pdf.

[38] 华泰证券.从阿里/商汤/华为大模型看应用趋势[EB/OL].(2023-04-20)[2024-12-28]. https://13115299.s21i.faiusr.com/61/1/ABUIABA9GAAgyJvQowYoufG83QY.pdf.

[39] Vaswani A,Shazeer N,Parmar N,et al. Attention is all you need[J]. Advances in neural information processing systems,2017,30:1-11.

[40] Radford A. Improving language understanding by generative pre-training[EB/OL].(2018-06-11)[2024-12-25]. https://openai.com/research/language-unsupervised.

[41] RADFORD A,WU J,CHILD R,et al. Language models are unsupervised multitask learners[J]. OpenAI blog,2019,1(8):9.

[42] BROWN T,MANN B,RYDER N,et al. Language models are few-shot learners[J]. Advances in

Neural Information Processing Systems,2020,33:1877-1901.

[43] 吴砥,李环,陈旭.人工智能通用大模型教育应用影响探析[J].开放教育研究,2023,29(02):19-25,45.

[44] 卢宇,余京蕾,陈鹏鹤,等.多模态大模型的教育应用研究与展望[J].电化教育研究,2023,44(06):38-44.

[45] 雷晓燕,邵宾.大模型下人工智能生成内容嵌入数字素养教育研究[J].现代情报,2023,43(06):99-107.

[46] Revisiting Feature Prediction for Learning Visual Representations from Video[EB/OL].(2024-02-15)[2024-02-25]. https://ai.meta.com/research/publications/revisiting-feature-prediction-for-learning-visual-representations-from-video/.